人と組織の心理から読み解く

リスク・コミュニケーション

対話で進めるリスクマネジメント

宇於崎裕美・掛札逸美　共著

日本規格協会

はじめに

　リスク・コミュニケーションは，企業や官公庁だけでなく病院，学校などあらゆる事業者が事業目的を達成するために，避けては通れない課題です．とはいえ，「めったに起こらない'悪いこと'について，なぜ，わざわざこちらから伝えなければならないのか」と疑問を感じる人も少なくないでしょう．

　本書の目的は，リスク・コミュニケーションの意義に気づいてはいるものの，さまざまな疑問があるために実行に移せない，あるいは，始めてはみたものの効果を実感できない事業者の皆さんが抱える"モヤモヤを晴らす"ことです．通常のノウハウ本とは一線を画し，人や組織の心理の面に焦点をあて，リスク・コミュニケーションのあり方を分析し，問題解決のヒントを示した新しいタイプのビジネス書です．

　ご承知のとおり，公私を問わずどんな事業でもなにかしらのコストやリスクは負わねばなりません．それでも，コストやリスクよりベネフィット（利益）が大きいと判断したとき，事業者は事業に乗り出します．しかし，事業者をとりまくステークホルダー（住民，消費者，取引先などの利害関係者）は，事業者が考えるコストやリスクと，ベネフィットのバランスなど気にしません．それぞれのステークホルダーの頭の中には，事業者とは異なる価値観や事情があるからです．

　ステークホルダーの不安や不満が，"クレーム"という形になって事業者にぶつけられることもあります．マスコミやネットの口コミがこうした不安や不満，クレーム事象に敏感であることは周知のとおりです．クレームを持ち込まれる前に，事業者が先手を打って

説明会などを開くこともありますが，スムースにいかない場合もしばしばです．誠意を尽くして説明をしても住民や消費者にわかってもらえず，事業者側の担当者が徒労感や失望感を味わうというのは，よくある話です．一方，説明を受けた住民や消費者，マスコミ関係者が，（たとえ事業者側の担当者個人の苦労は察しても）「十分に説明されていない」，「信頼できない」と感じることもしょっちゅうです．事業者とステークホルダーの双方がコミュニケーションすることを望んでいるのに，両者の溝はいっこうに埋まりません．

こうしたリスク・コミュニケーションの失敗は，どこに問題があるのでしょうか．事業者側の"誠意"や"根気"，あるいは"愛"が足りないせいでしょうか．単に"説明の仕方がヘタ"なだけでしょうか．それとも，住民や消費者，マスコミ関係者の"無知"，"不勉強"，"狭量さ"のせいでしょうか．

この問題を解決するために，本書では，すでに存在する知見や実践例をもとに，リスク・コミュニケーションの成否を左右する人間の心理を考慮に入れたうえで，効果的なリスク・コミュニケーションのあり方について提案します．心理の面から見て理にかなったリスク・コミュニケーションを行うことは，結果的に事業者とステークホルダーの双方にメリットをもたらすことになるでしょう．

本書は，私，宇於崎裕美と掛札逸美氏の共著です．私は，企業広報やマーケティングPR，クライシス・コミュニケーション（危機管理広報）についてのコンサルティング会社を経営し，日々マスコミ対応を行っています．掛札氏は，健康や安全に関するリスク・コミュニケーション（特に保育・教育現場におけるリスク）を専門とする心理学者です．掛札氏と私は，本書執筆の3年前，医療現場でのコミュニケーションに関する某研究会で初めて出会いました．以来，組織のコミュニケーションをめぐるさまざまな問題について

意見を交わしてきました．そんなとき，私は本書執筆の機会を日本規格協会からいただきました．ちょうど，東日本大震災と東京電力福島第一原子力発電所事故に関する，政府・省庁と電力会社のリスク・コミュニケーションのあり方に非難が集中している時期でした．

私は長年の現場経験から，「今，必要なのは，リスク・コミュニケーションの手法の説明ではなく，その実行を困難にしている心理的な問題の解決なのではないか」と感じていました．「本来，優秀な日本の組織人がリスク・コミュニケーションをうまくやれないのは，やり方を知らないからではなく，何か心理的なわだかまりや疑問があるからではないのか」という気がしていました．新しく本を出すのなら，その点を明らかにしなくてはならないと考えました．そこで，掛札氏にリスクをめぐる心理の分析と解説をお願いしました．執筆時には，日本社会が抱えるリスク・コミュニケーションの問題を解決するために，2人で一所懸命，知恵を絞りました．

本書が，リスク・コミュニケーションに悩む事業者の皆さんのお役に立てることを願ってやみません．

2012年7月吉日

宇於崎　裕美

目　　次

はじめに　3

第1章　リスク・コミュニケーション，基本の"き"

- ●閉店間際の2割引セール！
　——身近にあるリスク・コミュニケーション ……… 11
- ●社会・市民は"正直者"が好き ……… 13
- ●"リスクを伝える→パニック→暴動"の嘘 ……… 17

第2章　"コミュニケーション"とは？
　　　　"リスク"とは？

- ●リスク・コミュニケーションの定義を読み解く ……… 19
- ●そもそも，"コミュニケーション"とは何か ……… 20
- ●リスク・コミュニケーションとクライシス・コミュニケーション，それぞれの役割と特徴 ……… 21
- ●組織におけるリスク・コミュニケーションと
　PR活動の関係 ……… 23
　（1）　PRとは ……… 23
　（2）　宣伝とは ……… 24
　（3）　広告と報道の違い ……… 25
- ●"リスク"とは？
　——リスクは，事業者の目的をもとに定義される ……… 27
- ●リスクとは，"チーズの穴"のようなもの ……… 29

第3章　リスク・コミュニケーションの原則

- ●リスク・コミュニケーションと事業者の
  アカウンタビリティ ……………………………………………………… 33
- ●リスク・コミュニケーションの7原則 ……………………………… 34
  - （1）　市民・消費者を巻き込む ……………………………………… 35
  - （2）　ステークホルダーの声に耳を傾ける
  　　　　――"正しいこと"だけで理解は生まれない ……………… 38
  - （3）　正直に，率直に――"安全"と"安心"の視点から ……… 40
  - （4）　わかりやすい言葉で，思いやりを持って話す …………… 46
  - （5）　準備をし，結果を評価する ………………………………… 54
  - （6）　信頼できる他の組織と協働する …………………………… 58
  - （7）　マスコミのニーズに応える ………………………………… 58

第4章　人間はリスクをどうとらえているか
――市民・消費者の視点から

- ●人間は主観的で，リスクを軽視する生き物 ……………………… 67
  - （1）　人間は，ものごとの"理"を理解したい生き物である …… 69
  - （2）　人間は，できる限り"考えたくない"生き物である …… 71
  - （3）　人間は，楽観的な生き物である …………………………… 74
- ●リスクを伝えると，パニックは……"起こらない" …………… 75
- ●問題は市民のパニックではなく，"エリート・パニック" …… 77

第5章　リスクと共存し，信頼を獲得する
――事業者の視点から

- ●ゼロリスクとゼロリスク探求症候群 ……………………………… 81
- ●リスク・コミュニケーションの欠如が
  ゼロリスク探求症候群を生んだ？ ………………………………… 83

- ●身内意識が招いた"企業城下町"の油断 ················ 85
- ●業界の中でリスク・コミュニケーションの先駆者になる ········· 87
- ●リスク・コミュニケーションのプロを育てよう ··············· 89
- ●実例1　化学工業業界の取り組み−レスポンシブル・ケア ····· 91
- ●実例2　大企業と市民団体が協力して資源保護に取り組む ····· 96

第6章　リスク・コミュニケーションに終わりはない

- ●再び，リスク・コミュニケーションの意味について
  考える ··· 101
- ●「あなたの言っていることはわかる．でも，私は納得
  できない」でいい ··· 104
- ●継続は力なり ·· 106
- ●前向き思考でリスク・コミュニケーションを ············· 107

インタビュー
謝罪についての法的な解釈 ································ 109

おわりに　117

引用・参考文献　121

―― コラム ――
モンスター・ペアレントの多くは，事業者によって
　作られている　45
未就学児の保護者に対する製品リスク・コミュニケ
　ーションの留意点　53
リスク・コミュニケーションにおけるソーシャルメ
　ディアの活用について　65
市民団体を味方につけるリスク・コミュニケーション　99

第1章

リスク・コミュニケーション，基本の"き"

●閉店間際の2割引セール！
——身近にあるリスク・コミュニケーション

　2011年3月11日の東日本大震災，そして，それに続く東京電力福島第一原子力発電所の事故以来，マスコミ報道でも政府の事故調査委員会の報告などでも，"リスク・コミュニケーション"という言葉をひんぱんに耳にするようになりました．

　さて，このリスク・コミュニケーションとは，何でしょうか．大震災や原発事故の記憶とあいまって，なにやら「大災害や大事故に対する責任を問われる可能性のある，中央官庁や大企業がすべきこと」と思う人もいるかもしれません．

　実はそんなに特別なことではありません．市民や消費者とうまくコミュニケーションができている組織は，私たちのごく身近なところにもすでに存在しています．そのような組織は，毎日，自然な形でリスク・コミュニケーションを行っています．一番身近な例を紹介しましょう．それは，スーパーマーケットなどにある"見切り品コーナー"です．または閉店間際や開店直後の生鮮食料品売り場で行われる"定価の○○％オフ！"や"半額セール！"です．

　ここで売られている値引き品は，賞味期限が迫っている，少し新鮮さが失われている，包装や表面にキズがあるなど，なんらかの不具合があるために本来の価格では売れないと店が判断した商品です．小売店側は"見切り品"，"○○％オフ"，"特価品"，"わけあり商品"などと表示することで，商品の不具合を顧客側に明示してい

ます.「それでもよろしければ安くしておきますから,どうぞ」というメッセージを伝えているのです.顧客はそのラベルや商品の外見をチェックして,値引きの理由を理解し検討します.そのうえで,自分のニーズと値引き価格がみあっていると感じれば購入するでしょう.いやならば買いません.

店は,値引き商品が持つリスクを隠さずに公表しつつ,早く売り切ってしまいたいという意思表示をしています.顧客は提示されたリスクを評価し,自分の利益(お得感)を考えたうえで,行動を決定します.このとき,両者の間では"健全なリスク・コミュニケーション"が成立しています.

「えっ,これがリスク・コミュニケーション?」——はい,そうです.リスク・コミュニケーションとは,簡単に言えば,**事業者(この例の場合は,店)と,事業者に関係する人たち(="ステークホルダー".この例の場合は顧客)が特定のリスクについて情報を交換し,メッセージを伝えあう過程すべて**を指します.情報交換をした結果,事業者とステークホルダーとの間でリスクをどう扱うか,合意に至らない場合もあるでしょう.

値引き品の例で言えば,結局,売れ残ってしまう場合がこれにあたります.そうしたら,次の日から店側はさらに値引きし,売れ残りを減らそうとするかもしれません.あるいは売ることをあきらめて,売れ残った商品を廃棄処分にするかもしれません.一方で,事業者とステークホルダーが合意に至る場合もあります.たとえば,値引き品がすぐに売り切れる場合です.

リスク・コミュニケーションにおいて大切なのは,このような**プロセスが目に見える形で,正々堂々と,日常的に行われている**,という点です.売れ残りが出るか出ないかという結果ではありません.

おそらく,多くのスーパーマーケットや地域の小売店は,これが

リスク・コミュニケーションの一環だとは特に意識していないはずです．ただ，"お客様に正直に"をモットーに，日々商売に励んでいるだけでしょう．そして，顧客の側も，「あの店は正直だし，お得だから」という理由でその店で買い物しているだけでしょう．

　試しに考えてみてください．古い商品を値引きもせず，商品の傷みを隠して定価で売り続ける小売店があった場合，どうなるでしょうか？ 「あの店の品は新鮮ではない」，「傷んでいる商品を定価のまま売るなんて，信用できない」と，顧客からの評判はガタ落ちでしょう．来客数が減って，ついにはつぶれてしまうかもしれません．このように，リスク・コミュニケーションの欠如は，事業者にとって最悪の結果になりかねません．

　リスク・コミュニケーションとは，突然，海外からやってきた"カタカナ言葉"の新しい概念ではありません．「組織として正直であること」がリスク・コミュニケーションの基本です．日本でも昔から普通に行われていたことです．私たち日本人も自然に行えるコミュニケーションであり，また自然に行われるべきことなのです．

　では，具体的に"リスク"とは，"コミュニケーション"とは，そして，"リスク・コミュニケーション"とは，どういうものなのでしょうか？

　本書ではこれらについて，できるだけていねいに実例を交えながら解説していきます．

●社会・市民は"正直者"が好き

　2011年の東日本大震災直後，多くの国民は「千年に一度の大津波について，知らされていなかった」，「原発の安全神話を信じ込まされていた」，「緊急時迅速放射能影響予測ネットワークシステム（SPEEDI）のデータを教えてもらえなかった」と，政府関係者

や原発事業者に対しておおいに失望したものです．国民にとっては，大地震が起き，原発事故が起きたそのことよりも，本当のリスクや起きたことについて"知らされてこなかったこと"のほうがショックだったように見えます．

　実際，広瀬弘忠・東京女子大学名誉教授（災害心理学）が「安心・安全研究センター」（東京）を通じて 2011 年 6 月，全国の 1 200 人（15〜79 歳男女）に尋ねたアンケート調査によると，「災害時の情報源として最も信頼できない」のは，「政府・省庁」だという答えが 59.2 ％を占めました．しかし，2010 年に同大学が実施した同じ調査での結果をみると，「政府・省庁は最も信頼できない」と答えたのは 22.7 ％だったのです．東日本大震災前後で，政府・省庁を信頼できないと感じる人が大幅に増えました．東日本大震災以後の政府の情報発信のまずさが，この不信の原因であることは明らかです．広瀬名誉教授も「必要な情報が後になって出るなど，広報の不誠実さを国民が敏感に察知した」と，結果を分析しています[1]．

　国民はなぜ，ここまでがっかりしたのでしょうか．そしてなぜ，不信が生まれたのでしょうか．実は，事業者の"正直さ"と市民・消費者からの"信頼"には相関関係があるからです．

　言うまでもなく，私たちは正直な人が好きです．正直な人に囲まれ，人を信頼できる気持ちを持って生活していると安心するものです．人を信頼する傾向が高い人は，その人自身も嘘をつかず，盗みや悪事をはたらかないだけではありません．人を信頼する人は，幸福感が高く，社会にも適応しやすく，他人から「友だちになってほしい」という気持ちを持たれることが，米国コネティカット大学を中心に 10 年以上進められてきた実験研究から明らかになっています[2]．人を信頼する人は，人に信頼される人であり，周囲にも信頼のネットワークを築いていく傾向があるのです．同じように市民や

消費者は，自分たちにかかわるすべての事業者，つまり政府や自治体，企業などに対しても，正直でいてくれるよう願っています．

とはいえ，世の中には「そのような不吉なことは，いっそ知らないほうがマシだった．行政や企業がリスクについて黙っていてくれたほうがよほど自分は楽だったのに」と思う人がいるかもしれません．たとえば，行政側が発表したハザードマップが，ある限られた人々の所有する土地の価格にマイナスの影響を及ぼすような場合です．しかし，一部の地主の利益を優先して，行政側がハザードマップを発表しないような社会に，私たちは身を置きたいでしょうか．あるいは，特定の製薬会社の利益を優先するために，政府や病院がある薬の深刻な副作用について黙っていたとしたらどうでしょうか．そんな不公平さを私たちは許せるでしょうか．

ある人が，「私に対して正直な社会，正直な人たちの中で暮らしたい」と願うことと，「私の利益のためには，正直さを少し犠牲にしてもしょうがない」と考えることの間に，齟齬はありません．自分の利益のためになにかを隠したり，嘘をついたりといった行動をする人も，まわりの人に対しては「私には正直であれ」と願うからです．

けれども，自らの利益のために嘘や不正を行う人が増えれば増えるほど，社会全体が不安定になっていきます．「何か隠しているに違いない」，「嘘をついているかもしれない」と，周囲の人や組織を疑うことほど居心地が悪いことはありません．周囲を疑いながら日常生活を営むのは，決して楽ではありません．信頼はさらなる信頼を生む"良い循環"を作る一方で，不信は不信を生む"悪い循環"を起こし，社会全体を不安定にしていきます．この点については，あとで詳しく説明します．

では，私たちがまわりの人や組織を「正直だ」，「信頼できる」と

感じる瞬間はどういうときでしょう？「自分はこんなに立派である」と自慢ばかりしている人を，私たちは高く評価するでしょうか．根拠もなく「絶対大丈夫」と強がったり，安請け合いをしたりする人の言うことを鵜呑みにするでしょうか．そうではありません．私たちは，「自分にはこんな弱点がある」と正直に認める人や，「この弱点を～のようにして克服していく」と話す人に好感を覚えます．あるいは「こんな失敗をしてしまいました」と包み隠さず告白し，素直に謝る人を信用します．桜の木の枝を切ってしまった子どもの頃のジョージ・ワシントン（初代米国大統領）の逸話が，死後の作り話だとわかった今でも人々に好まれているということを見ても，正直さや，誤りを認めるいさぎよさは大切なのだということを示していると言えるでしょう．

結局のところ，事業者にとってリスク・コミュニケーションが必要な理由も，こうした点にあるのです．市民・消費者は"正直な組織"を信用します．官庁であれ民間企業であれ，近所のスーパーマーケットであれ，その事業者がかかわるリスクについて正直に話し，ステークホルダー（利害関係者）と一緒に対処していこうとする態度を示すことで，社会から好感を持って受け入れられ，信用を得ていきます．信用を得ることで，事業者の事業目的はより達成しやすくなる——これはその事業者にとっておおいなるメリットです．

また，地域住民などのステークホルダーに平時から，潜在的な（起こるかもしれない）リスクを正直に伝えていくことで，ステークホルダー自身が積極的にリスク回避のために動いてくれるということもあります．

逆に，事業者や行政がステークホルダーに正しくリスクを伝えなかったために，ステークホルダーがリスクを回避できず，より悲惨な結果を招くということもあります．たとえば2005年，ハリケー

ン・カトリーナの襲来時に米国南東部の被害が拡大した一因は，それまでのリスク・コミュニケーションの欠如（失敗）の結果，洪水の危険が高い地域に住む住民が積極的に避難をしなかったためだと分析されています．

　事業者にとって，平時から継続的にリスク・コミュニケーションを進めていくことは，事業者に対する信頼を高め，"万が一"の事態への備えになるという重要な意味を持っています．リスク・コミュニケーションと信頼の関係，事業者に対する信頼の価値についても，本書では詳しく説明していきます．

● "リスクを伝える→パニック→暴動"の嘘

　日本の事業者がリスク・コミュニケーションに逡巡する背景には，「リスクについて市民・消費者に伝えると，パニックが起こる」という思い込みがあるようです．たとえば，東日本大震災に伴う東京電力福島第一原子力発電所の事故後，「本当のことを言うと，国民がパニックを起こす」という理由で緊急時迅速放射能影響予測ネットワークシステム（SPEEDI）のデータが公表されなかった（当時の総理補佐官らのコメント）と言われています．けれども，効果的なリスク・コミュニケーションは，パニックを予防するものであって，パニックを起こすものでは決してありません．

　そもそも，私たちがテレビや映画で見るようなパニックは，災害現場で本当に起こるものなのでしょうか．たとえば，米国で起きた952件の火災について，それを体験した2000人以上にインタビューした研究があります．結果をみると，"パニック"という言葉から思い起こされる，いわゆる反社会的な行為や自己中心的な行動，非合理な行為が起きた事実は出てきませんでした[3]．それどころか，特に自然災害の現場では，被害者が救出活動や支援活動を積極的に

行うこともわかっています[3]．

「でも，ハリケーン・カトリーナやハイチ大地震の後，商店などからの略奪が起きたではないか」と考える読者もいるでしょう．災害などの後の盗み（looting）は，もともと犯罪率や貧困率が高く，住民の不満も高い地域で起こりがちで，そうではない地域では，災害後の犯罪は逆に大きく減少することがわかっています[3]．また，貧困率，犯罪率が高い地域には，災害後の支援も届きにくいため，略奪は「必要に迫られてのものである」という法律学者の意見もあります[4]．さらに，商店からの略奪シーンなどは，マスコミが好んでくりかえし放送する映像だという点も，私たちは意識しておかなければいけません．マスコミ報道は，必ずしも，事実の反映ではないのです．

東日本大震災後，被災地で略奪や盗みが起こらなかったことに対して，世界中から称賛の声があがりました．けれども，これは日本人が持つ生まれつきの性質による特殊な行動様式ということではありません．むしろ，歴史的に積み重ねられてきた自然災害に関するリスク・コミュニケーションの成果だと考えられます．日本人は他国民に比べて，地震や津波のリスク情報を豊富に持っています．また毎年の台風や集中豪雨，あるいはこれまでの地震の経験から「災害が起きても，必ず救援の手がさしのべられる」とわかっています．

それゆえ辛抱強く待つことができたのでしょう．私たちは地震や津波のリスクについてよく知っている，つまり，自然災害に関するこれまでのリスク・コミュニケーションの積み重ねがあったからこそ，東日本大震災ではパニックが起こらなかった，とも言えるのです．

"万が一"の災害時に市民・消費者が適切な行動を迅速にとれるようにする，そのためにもリスク・コミュニケーションが不可欠です．この点も本書では述べていきます．

第2章

"コミュニケーション"とは？
"リスク"とは？

●リスク・コミュニケーションの定義を読み解く

　一般的に，リスク・コミュニケーションとは「事業者が地域の行政や住民と情報を共有し，リスクに関するコミュニケーションを行うこと」を指します．第1章で挙げた"スーパーマーケットの値引き"もひとつの例です．それ以外にも，たとえば，

・工場見学会を開く
・原子力発電所の見学会を開く
・住民説明会を開く
・日常の苦情に対応する
・化学物質の環境リスクについて報告書を作成する
・起こりうる環境汚染などについて，対話集会を開催する

などが，身近なリスク・コミュニケーションの実例でしょう．

　世界保健機関（WHO）は，リスク・コミュニケーションを「リスクを評価する側，リスクを管理する側，その他の利害関係者（ステークホルダー）がリスクについて，情報や意見を交換する過程」と定義しています[5]．この定義に従うと，

・感染症に関する情報の周知
・自然災害に関する情報の周知
・新しいワクチンの実施，新薬使用の是非
・食品添加物や遺伝子組み換え食品に関する国の姿勢
・製品安全と残存リスクの周知（傷害予防）
・テロ対策

なども，リスク・コミュニケーションに含まれてきます．近年，国や地方行政の施策に対するパブリック・コメント（意見公募手続）が活用されるようになってきていますが，これも，市民・消費者の側から行政に対するリスク・コミュニケーションのひとつです．

　注意すべきは，リスク・コミュニケーションは一方的に情報をたれ流すことではなく，双方向のコミュニケーションだということです．「この人たちに情報を提供したい」，「この人たちと話し合いをしたい」という対象集団に対して情報を提供し，フィードバックを得る，そのフィードバックに対して，新しい情報や意見を交換する——このように，情報を相互にやりとりしながら，リスクに関する認識と対策を共有していくことが基本になります．

　と，定義を書いても，なかなかピンとはこないかもしれません．そこで，リスク・コミュニケーションにまつわる誤解を少しずつ解きながら説明していくことにしましょう．

●そもそも，"コミュニケーション"とは何か

　リスク・コミュニケーションの"コミュニケーション"とは何でしょうか．今では，コミュニケーションという言葉を外来語と意識することもなくなってしまったかもしれません．しかし，もともと日本語でないことは確かです．そして，日本語ではないだけに，人それぞれ解釈が違い，実はそれがリスク・コミュニケーションの実践を難しくしている原因にもなっています．

　そこでまず，"コミュニケーションとは何か"について，振り返ってみましょう．『広辞苑』で"コミュニケーション"と調べると，「社会生活を営む人間の間に行われる知覚・感情・思考の伝達．言語・文字その他視覚・聴覚に訴える各種のものを媒介とする」と出てきます．さらに「動物個体間での，身振りや音声・匂いなどによる情

報の伝達」,「細胞間の物質の伝達または移動」という説明もあります.英和辞書で"communication"を引くと,伝達,報道,連絡,通信,情報,伝言のほかに,交際,交通,病気の伝染ということまで出てきます.実にさまざまな意味があるものです.

ここでひとつ,注目すべき点があります.それは,"コミュニケーション"という言葉の意味は多様であっても,「相手を説得する」,「相手を自分の都合のよい方向に向かわせる」という意味は含まれていない,ということです.つまり,リスク・コミュニケーションの目的は,説得や合意形成ではありません.ここが,リスク・コミュニケーションについて多くの人々が誤解している点です.

事業者がリスク・コミュニケーションに着手するときには,どうしても,地域住民や消費者といったステークホルダーの説得や,ステークホルダーとの合意を目指してしまいがちです.しかし,"コミュニケーション"という言葉の本来の意味からするとそれは違う,ということになります.「相手を説得しよう,納得させよう」,「相手を黙らせよう」——こういった姿勢で取り組むのであれば,それはもはや"コミュニケーション"ですらないのです.

●リスク・コミュニケーションとクライシス・コミュニケーション,それぞれの役割と特徴

リスク・コミュニケーションと間違えられやすいのが,クライシス・コミュニケーション(危機管理広報)です.こちらは,リスクが顕在化してクライシスになったとき,つまり事件・事故あるいは災害が起きたときの活動です.クライシス・コミュニケーションとは,クライシスにより事業者が危機的状況に陥ったときのコミュニケーション活動全般を指します.

リスク・コミュニケーションとクライシス・コミュニケーション

は違います．しかし，どちらも事業者のリスクマネジメント上，重要な活動です．事件・事故，あるいは災害発生直後のクライシス・コミュニケーションが救命救急医療のようなものだとすると，リスク・コミュニケーションは予防医療や健康管理にあたります．

「今すぐに〜をしなければ！」という状態ではないとき，つまり平時から始めて，常に継続するべきである点，そして，早めの対応によってクライシスも防げるという点で，予防医療や健康管理とリスク・コミュニケーションは似ています．一方でリスク・コミュニケーションは，誰もがその有用性を頭ではわかっているものの，なかなか実践できないという点でも，がん検診やエクササイズなどのような予防医療・健康管理と共通していると言えるでしょう．

クライシス・コミュニケーションとリスク・コミュニケーション，両者の違いを図1に示します．

もともと狭義のリスクマネジメントは，事件・事故を防ぐことを主たる目的とする活動ですが，それをしたからといって，事件・事故が発生するかもしれないリスクを完全になくすことはできません．リスクは常に存在します．だからこそ，リスクに関するコミュニケーション，つまりリスク・コミュニケーションは常に行わなくてはならないのです．

一方で事業者は，万が一の事件・事故に備えて，クライシス・コミュニケーションの準備もしておかねばなりません．そこで，"リスク・コミュニケーション"というと，この"クライシス・コミュニケーションのための準備"や"クライシス・コミュニケーションそのもの"と考えられがちです．けれども，それも誤解です．リスク・コミュニケーションは，事件・事故の発生とは関係なく，日常的に行われるべきリスクマネジメントの一部なのです．

第2章 "コミュニケーション"とは？ "リスク"とは？

←――― リスクマネジメント（広義）―――→

リスクマネジメント（狭義）
- リスクの洗い出し
- リスクの測定
- リスクの評価
- リスクコントロール
- マニュアルの作成

事件・事故発生

クライシスマネジメント
- 対応の実施
- 復旧活動

リスク・コミュニケーション → リスク・コミュニケーションの継続

クライシス・コミュニケーションの準備 → クライシス・コミュニケーション

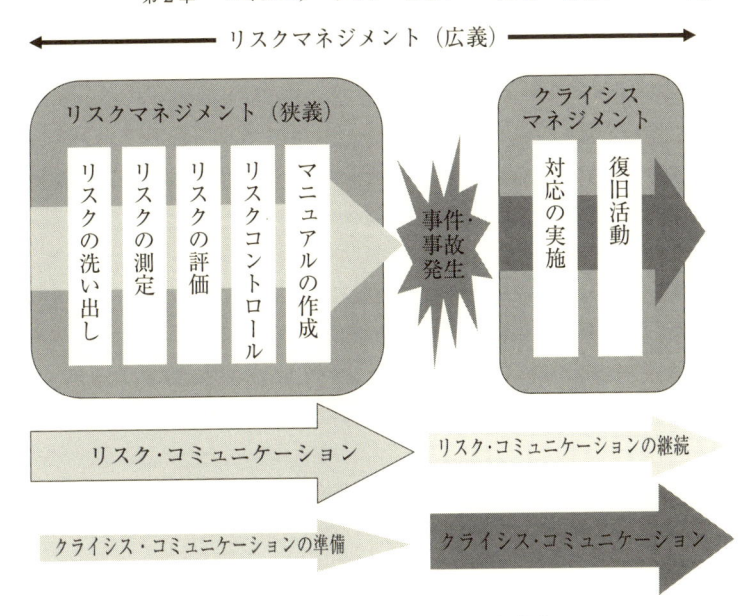

図1 リスクマネジメントの全体像

●組織におけるリスク・コミュニケーションとPR活動の関係

リスク・コミュニケーションは，平時から行う日常的な活動です．そのため，企業や官庁などのいわゆる"PR活動"と密接にかかわってきます．とはいえ，両者は同じものではありません．そこで，PRとは何か，そして，PRとリスク・コミュニケーションの関係について，あらためて考えてみましょう．

(1) PRとは

PRとはPublic Relations（パブリック・リレーションズ）の略

です．日本語では，"広報"と訳されます．PRは，セールス・プロモーション（販売促進活動）やマーケティング（売上向上策あるいは市場開発活動）と混同されることもありますが，もともとの意味は，「社会（パブリック）との双方向コミュニケーションによって，社会とのよりよい関係（リレーション）を構築すること」を指します．ですから，PRはセールス・プロモーションやマーケティングよりも上位（広義）の概念になります．

PRは，企業や官庁など事業者のあり方や役割を知ってもらうことと，周囲の人々の声に耳を傾ける活動の両方を含みます．記者会見を行う，記者にインタビューしてもらう，"プレスリリース"と呼ばれる資料をマスコミ関係者に向けて配信する，広報誌を作って地域住民に配布する，イベントを行って人を集める……，これらはPR手法のほんの一部です．

事業者のあり方を説明するとき，よい面ばかりを強調しても信頼性が高まるものではなく，冒頭に説明したとおり，まずは組織として正直でなければなりません．「事業者が抱えるリスクを公表しているかどうか」，これがステークホルダーにとっては「事業者が正直かどうか」の判断材料になります．そこで，リスク・コミュニケーションも，社会とのよりよい関係を構築するためのPR活動には不可欠だということになります．

(2) 宣伝とは

PRはしばしば，"宣伝"という言葉に置き換えられて使われます．『広辞苑』で"宣伝"を引くと，「①述べ伝えること．②主義主張や商品の効能などを多くの人に説明して理解・共鳴させ，ひろめること．③大げさに言い触らすこと」と出ています．"宣伝"には，③の意味があるため，"PR＝誇大広告"と勘違いしている人も少な

からずいます．それゆえ「PR ははしたないこと，けしからんことだ」と思っている人もいるようです．しかし，上の (1) で説明したとおり，本来の PR は大げさに言い触らすことではありません．

(3) 広告と報道の違い

"広告"は，もともと advertisement の訳語として明治時代に作られた言葉です．『広辞苑』には「広く世間に告げ知らせること」と出ているため，ともすると「PR と同じ」と思われがちです．また，新聞紙面やテレビ画面に現れる情報という点では，広告も，PR の結果としての報道も同じです．しかし，読者・視聴者の受け止め方や情報発信者である事業者にとっての意味あいは大きく異なります．

たとえば，筆者（宇於崎）が長年勤めていた米国系 PR 会社では，「広告はワンウェイ・コミュニケーション．PR はツーウェイ・コミュニケーション」とよく言われていました．つまり，広告は一方通行だが，PR は双方向だということです．これはどういう意味でしょうか．

広告は，広告主がお金を出して載せるものです．広告主である企業や官庁は，広告代理店を通じて新聞社や雑誌社，テレビ局にお金を払い，新聞，雑誌やウェブサイトのスペースやテレビ放送の時間枠を買い，自分たちの伝えたいことを掲載，または放送します．公序良俗や法律，新聞社や出版社，テレビ局など媒体側の規定に反しない限り，広告主は自由に内容やデザインを決められます．極論を言うと，お金さえ出せば広告主の一方的な主張が載る可能性もあるのです．もちろん，掲載時期や放送時間も指定できます．つまり，広告の主導権は広告主にあるのです．しかし，多くの読者や視聴者は広告のこの仕組みを知っています．よって，子どもは別として，広告の内容を鵜呑みにする人は少数でしょう．

PRは広告とは違います．PRでは，記者会見やプレスリリースを通して報道関係者に情報やメッセージを伝え，新聞記事やテレビニュース，あるいはウェブの記事として報道してもらうことをねらいます（この行為をPRでは"パブリシティ活動"と呼びます）．報道は，企業や官庁の意図そのものではなく，記者という第三者の目を通した情報です．報道されるまでの間には，情報発信者である企業・官庁等組織と報道関係者との間でツーウェイ（双方向）コミュニケーションが展開されているのです．

　情報発信者側から見ると，報道には不確定要素が多く，意のままにならない難しいものです．たとえば，取材の際に企業が「この製品は世界一」と主張しても，信頼できる裏付けがない限り，記者は「世界一」とは報道しません．企業側がいくら説明しても，記者が納得しなければまったく報道されないこともあります．たとえ記者が納得し，報道されることになっても，記事の掲載日や放送時間を企業側が指定することはできません．ほかの大きなニュースがあれば，流れてしまう（報道されない）ことさえあります．

　さらに，ひとつの記事やニュース報道が世に出るまでには，多くの関門があります．報道記事やニュースは，取材した記者やその上司等によって入念に検証され，情報発信者側の一方的な思い込みや意図は排除されていきます．こうしたプロセスがあるので，一般的に読者・視聴者は「報道は広告に比べ客観的で信憑性が高い」と評価する傾向があります．この評価の高さゆえ，結果としてひとつの新聞記事や一瞬のテレビニュースが，人々に大きな影響を与えることも起こりえます．ふだん，「マスコミ報道なんて間違いだらけだ」と言っている専門家も，自分の専門外のことについては新聞記事やテレビニュースを無批判に信じてしまうことは往々にしてあります．

　だからこそ，企業や官庁等組織はマスコミ対応を慎重に行わなく

てはなりません．PRやリスク・コミュニケーションに慣れておらず，タイミングよく情報発信ができなかったり，記者の質問に明確に答えられなかったりすると，記者に誤解され，間違った報道をされてしまうおそれがあります．ひとたび間違った報道をされてしまうと，世間からも誤解を受けてしまい，軌道修正が困難になるということがあります．

● "リスク"とは？
　──リスクは，事業者の目的をもとに定義される

　リスクにはさまざまな定義がありますが，リスクマネジメントを標準化したISO 31000*［国際標準化機構（ISO）による国際規格のひとつ］では，「目的に対する不確かさの影響（effect of uncertainty on objectives）」(傍点は筆者)と定義されています．"不確かさの影響"とは，必ずしも悪い影響を指すわけではありません．思いがけず良い結果が出る影響も含みます[6]．たとえば，株式投資を行う場合を想定してみましょう．株価は社会の変動条件の下で常に不確かな状態にあります．必ず値上がりする株というものはありません．値下がりすることも珍しくありません．株取引では損失が出ることもありますが，ときには利益も得られます．損失と利益は両方とも不確かさの影響の結果です．利益が出るような好影響もリスクなのです．投資の世界ではしばしば「リスクはチャンス」といわれる所以です．ただし，事故や安全について考える場合のリスクは，悪影響を中心に考えるのが慣例となっています．

　上に示したISO 31000のリスクの定義には，リスク・コミュニ

＊ ISO 31000:2009　Risk management–Principles and guidelines／JIS Q 31000:2010　リスクマネジメント–原則及び指針

ケーションを考えるときに大事なポイントが隠されています．それは，"目的"という言葉です．事業者には必ず目的があります．生産・流通・サービスの提供，利潤獲得，市民の福祉に貢献，社会秩序を守る……，皆さんが所属する組織には必ず目的があるはずです．その目的を明確にして初めて，組織にとってのリスクが想定できます．想定リスクの洗い出しを行うことにより，ようやくリスクマネジメントの一環としてのリスク・コミュニケーションの方向性や方法，内容が決まります．単に，「わが社の製品は安全です」，「環境や人体への影響はありません」，「私たちは皆さんのために働いています」と喧伝することは，リスク・コミュニケーションになりません．

筆者（宇於崎）は二十数年間，企業広報のコンサルテーションや社員研修を行っています．その筆者の実感では，日本の中でもっとも真剣にリスク・コミュニケーションに取り組んでいる業界のひとつは，化学工業業界です．化学メーカーには，研究所や工場を地域社会の中で操業し，開発・生産を進めるという大きな目的があります．それを達成するためにリスク・コミュニケーションに熱心にならざるを得ないという事情があります．

火災や爆発，火傷や中毒，環境汚染の危険をはらんだ化学物質を扱う化学工場は，何重もの安全システムを備えています．しかし，化学物質の流失や爆発といったリスクを完全にゼロにすることはできません．次項で紹介するように，どんな組織であっても，すべてのリスクをゼロにすることは不可能です．そして，化学工場でひとたび事故が起これば，周辺地域だけでなく，企業の資産（人，設備など）や売上，取引先，ひいては日本経済全体に大きなダメージを与えます．

火災のような大事故でなくても，化学メーカーには，異臭や有害物質の流出などの問題が起こる危険性が常にあります．かつて，公

害で地域社会に不安や実害を与えてしまった苦い経験もあります.その反省もあり,この業界は学会などと協働し,地域住民も巻き込んだ形で双方向のリスク・コミュニケーションを地道に続けています.

●リスクとは,"チーズの穴"のようなもの

では,リスクとは具体的に,どんなものなのでしょうか.視覚的なイメージとして,チーズのスライスにあちこち穴があいている状態を思い浮かべてください.アニメ『トムとジェリー』でねずみのジェリーがねらっているチーズを薄く切ったらできるであろう,あの穴です.エメンタール・チーズに代表される穴あきチーズは,英米では一般的にスイスチーズと呼ばれています.英国マンチェスター大学の心理学者 James T. Reason は,1990年に"スイスチーズ・モデル (Swiss cheese model)"というものを提唱しました[7].これは,組織で事故 (accident) が発生するときの仕組みを説明するモデルとしてよく使われています.

模型を使ってこのスイスチーズ・モデルを説明しましょう.スイスチーズを薄く切ると,1枚のスライスに穴があいています.隣り合ったスライスにも穴があいていますが,場所や大きさが少し違います.そのまた隣のスライスでは,また少し違っています.この"穴"が,組織の中にあるリスクにあたります.この穴のあいたチーズのスライスの1枚1枚は,組織全体のマネジメントシステムであったり,現場に置かれている機械であったり,機械のマニュアルであったり,トレーニング・プログラムであったり,現場担当者の資質であったり,注意力であったりします.これらの一つひとつは決して完璧ではありません.どこかに必ず不備があります.それが穴です.大きな穴がひとつあいているスライスもあるでしょうし,小さな穴

がたくさんあいているスライスもあるでしょう（写真1）．

そして，チーズのスライスを何枚か重ね合わせると……．それぞれの穴（リスク）は小さく，穴の場所（性質）が異なっているため，たいていの場合，それぞれのスライスの穴はほかのスライスにふさがれて，全体としては，一見，穴のない状態に見えます．これが通常の状態，つまり，システムが安全に運用されている状態です（写真2）．しかし，重ね方を変えていくと，すべてのスライスの穴がどこかで貫通してしまうことがある――この瞬間に事故や事件が発生するのです（写真3）．

たとえ，多様なリスクが組織の中に数多く存在しても，偶然にも"幸運な不確かさ"が起きている場合は，大きな事故・事件は起こりません．しかし，偶然が常に組織の味方だとは限りません．すべての穴をすり抜けて，事故・事件など，クライシスが起こるという"不運な不確かさ"もあるのです．

リスクマネジメントを実践している事業者であっても，小さな"チーズの穴"をすべての場所で完璧にふさぐことは不可能です．何重の安全システムを用意しても，自然，機械，人間，組織には，想定外の事象が起こりえます．小さなミスが小さな穴をすべて通り抜けて，大きな事故・事件・不祥事につながることは，どんな事業者においてもありうるのです．このスイスチーズ・モデルは，航空機事故や鉄道事故の発生メカニズムを説明するときによく登場します．

日本の場合は，現場の一人ひとり（チーズの最後の1枚）が優秀で，危機に際して捨て身の努力をすることでも知られています．現場の危機管理の中では，「あいつに任せておけば大丈夫」というようなセリフをあちこちで聞きます．しかし，現場の努力で大きな事故を「今まで防ぐことができた」としても，それは明日起こるか

第2章 "コミュニケーション"とは？ "リスク"とは？　　31

写真1：スイスチーズを薄く切ると，それぞれのスライスには穴があいている．

写真2：1枚1枚のスライス（防護壁）には穴（リスク）があり完璧ではないが，重なり合うと穴はふさがれる．これが通常の状態．"幸運な不確かさ"のため，結果的に安全が保たれている．

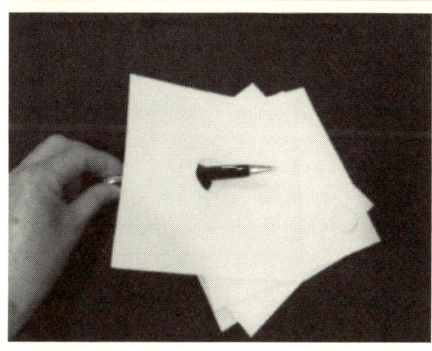

写真3：何かの拍子に，穴が重なりあい，貫通してしまうことがある．これが事件や事故の起きる瞬間である．

（写真撮影：宇於崎裕美）

もしれない別の大きな事故も予防できるという保証にはなりません。最後の1枚，つまり個人の努力に頼ることには限界があるからこそ，組織として共通のリスク認識を持って取り組むリスクマネジメントが必要となってきます．すべての穴を完全にふさぐことは，事実上，不可能です．しかし，組織あるいは社会全体として"受け入れ不可能なリスク"（unacceptable risk）を少しでも減らそうとする努力は大切です．

　冷静に現実を観察すると，いかなる事業を行う場合も"目的に対する不確かさの影響＝リスク"があることは否めません．リスクが常に存在する以上，「絶対に安全です」，「本当に大丈夫だから，安心してください」と言うことはできません．そもそもリスク・コミュニケーションとは，相手を安心させて黙らせることではありません．市民・消費者に影響が及ぶ可能性のあるリスクを洗い出したうえで，リスクについての情報を共有し，共に対応を考え，コミュニケーションし続けること，それがリスク・コミュニケーションです．

第3章

リスク・コミュニケーションの原則

●リスク・コミュニケーションと事業者のアカウンタビリティ

リスク・コミュニケーションの大枠であるリスクマネジメントのポイントを,国際的な標準である ISO 31000 に沿って紹介しましょう.

ISO 31000 では,リスクマネジメントに関し,「組織はリスクの運用管理に関するアカウンタビリティ,権限及び適切な力量があることを確実にすることが望ましい」としています.つまり,「法的な責任を伴う説明責任」(アカウンタビリティ,accountability)を確実に果たせるようにしておくことが,組織のリスクマネジメントであり,組織の義務だ,ということです."アカウンタビリティ"という言葉を使っているところからは,表向きの説明責任だけを果たせばよいのではなく,"きちんと説明できるだけの内容を実施している"ことが肝要であり,実施している内容に関しても法的責任がついてまわることがうかがえます.

このことを前提として ISO 31000 では,「コミュニケーション及び協議は,リスクマネジメントプロセスのすべての段階で実施することが望ましい」としています.つまり,リスクが明らかになった時点でステークホルダーに,「リスクはこれしかありません.安心してください」と伝えることだけがリスク・コミュニケーションではないのです.「これから,私たちの組織,事業に潜在するリスクの分析をしていきます」という時点からコミュニケーションを始め,

リスクを明らかにする過程でも積極的にステークホルダーからの質問や求めに応じることが重要になります．

　日本が鎖国をしているのであれば，国際標準である ISO 31000 を考慮に入れる必要はないのかもしれません．しかし，日本の企業や行政体は，いまやあらゆる場所で他国の事業者と接しているのが現実です．ISO がリスクマネジメントを組織に必須の活動と定め，そのなかにリスク・コミュニケーションも位置づけている点は，深刻に受け止める必要があるでしょう．

●リスク・コミュニケーションの 7 原則

　効果的なリスク・コミュニケーションは，どういったものなのでしょうか．米国環境保護庁（EPA）は 1988 年，"リスク・コミュニケーションの 7 原則"を示しました[8]．この原則は，環境や食品にかかわるリスクを中心として考えられたものですが，他の分野でも基本原則として広く用いられており，WHO でも採用されています．

① 市民・消費者（公衆）を真のパートナーとして受け入れ，巻き込む．
② 聴衆（他のステークホルダーの声）に耳を傾ける．
③ 正直に，率直に，そして，隠しだてをしない．
④ わかりやすい言葉で，思いやりをもって話す．
⑤ 準備を周到に行い，結果を評価する．
⑥ 信頼できる他の組織と協働する．
⑦ マスコミのニーズに応える．

この原則について，次に詳しく説明していきます．

(1) 市民・消費者を巻き込む

リスク・コミュニケーションの目的は，事業や活動に伴うリスクを地域住民や消費者などステークホルダーに全面的に受け入れてもらうことではありません．相手を説得することや，合意を得ることが目的ではないのです．この7原則の最初に示されているように，市民や消費者を含むステークホルダーを，自分たちの組織の活動に巻き込んでいくこと，ステークホルダーと共に活動していくこと，その過程がリスク・コミュニケーションです．

「なぜ，そんなことをしなくてはならないのか？」と思われるかもしれません．事業者が"リスク・コミュニケーション"を行わなくてはならない最大の理由は，ISO 31000 に示されているように，リスクマネジメントとその一部であるリスク・コミュニケーションが"事業者の義務"だからです．前項で説明したアカウンタビリティ（説明責任と，説明可能な実践）を果たすこと，それが今，社会から求められていることなのです．

義務だということは，事業者側には負担でしかないのでしょうか？　そんなことはありません．リスク・コミュニケーションは，行うこと，続けること自体に価値があり，事業者にとってのメリットも生み出します．「こんなリスクがあります」，「このリスクについては，こんな対策を打っています」と事業者が情報を開示し，対策を示し，ステークホルダーから意見を聞く，つまり，双方向のコミュニケーションをすること自体に大きな意義があるのです．そのような活動を行う事業者はステークホルダーから高く評価されます．それが，ひいては事業者の事業目的達成のための追い風になります．

そもそもコミュニケーションの目的は，結論を早く導き出すことだけではありません．親しい友人や恋人，パートナー，あるいは家族との日常会話を思い出してみてください．他愛ない言葉のキャッ

チボールそのものを，"楽しい"と感じることもあるでしょう．「こんなふうに会話のできる自分たちは，やっぱり仲がいいんだなあ」と感じる瞬間もあるはずです．そして，ふだんコミュニケーションをきちんととっている相手とであれば，なにかもめごとが起きたとしても「話し合いをしよう」とお互いに思うでしょう．話もせずに「顔も見たくない」，「口をききたくない」，「絶交だ！」となってしまう最悪の結果を避けようとするでしょう．コミュニケーションを続けている，続けようと思う，そのこと自体が「自分たちはよい関係を保っている」という認知につながり，さらに一歩踏み込んだコミュニケーションへと努力する動機になります．

　実は，心理学的にみると，この"コミュニケーションを続けるという行動"そのものが事業者にとっても，ステークホルダーにとっても重要なのです．

　私たちは，身のまわりに現れる人や集団，起こるできごとに対し，"好き・嫌い"，"良い・悪い"，"受け入れる・受け入れない"といった，自分自身の"態度"を決めながら日々，生活しています．態度を決める要因には，第一印象や経験（似たような人，集団，できごとに対して自分がとってきた態度）が強く影響します．

　もうひとつ，態度形成や態度変容に大きく影響するのが，自身の行動，言動であることが，1960〜70年代に行われた一連の心理学実験（"態度形成"の研究, attitude formation）からわかっています．どんな態度をとろうか，はっきりしない状態に置かれると，人は自分自身のとっている行動を観察します．あたかも第三者のように「ああ，こういう行動をとっているのだから，私はこの人（集団，できごと）に対して，こういう態度を持っているのだろうな」と類推するのです．

　たとえば，嫌いな同僚から，来月に行われる知事選挙について

第3章 リスク・コミュニケーションの原則

意見を尋ねられたとしましょう.「僕は,○○さんが知事になったほうがいいと思うんだよね」,そう言われたあなたは,まだ何も考えていなかった事実に気づきます.でも,なんとなく,または「この人に同調するのはいやだな」という感情から,「僕は別の候補者の△△さんが知事になったほうがいいと思うよ」と答えたとします.すると,あなたと同僚の間では感情的な,白熱した議論が始まり,あなたは「なぜ△△氏がよく,○○氏はダメなのか」と思う理由を考え出していきます.口にする理由はもちろん,その場しのぎの,とってつけたものばかりです.それでも,「△△氏をほめ,○○氏を批判している」自分自身の行動を観察することで,「僕は△△氏がいいと思う」という態度を形成していくのです.これが,態度が先ではなく,行動が先にあって,"行動から態度(意識)がつくられていく過程"です.

事業者が市民や消費者,その他のステークホルダーを巻き込み,コミュニケーションを行っていくひとつの価値は,ここにあります.双方向のコミュニケーションという"行動"を続けることで,事業者側だけでなく,ステークホルダーの側にも「自分たちはコミュニケーションを続けている,ということは,お互いを'話す価値のある相手だ'とみなしている,ということだ」という"態度"を生み出し,それが相互の信頼につながり,さらなるコミュニケーションを生み出す効果を持つのです."巻き込む"ということは,市民や消費者にも"具体的な相互コミュニケーションの行動"をしてもらうことにほかなりません.

これはリスク・コミュニケーションであっても同様です.事業者とステークホルダーが情報や意見を出しあい,議論が盛り上がっていれば,たとえ意見対立があったとしても,「私たちは,相手を避けずに対峙している」という根本的な信頼が生まれます.「議論を

している自分たちは，お互いの立場，考え方に関心があり，事態の改善についてあきらめていない」という前向きな態度が形成されるのです．

(2) ステークホルダーの声に耳を傾ける
　　──"正しいこと"だけで理解は生まれない

　コミュニケーションを続けることに価値がある，とは言っても，やはり事業者の側としては，「自分たちの活動について理解してほしい」，「事業のゴールをわかってほしい」という気持ちがあります．そうするとつい，事業者にとって"正しいこと"ばかりをステークホルダーに伝えることになり，結局，立場の違いばかりが際立って，コミュニケーションの継続を難しくしかねません．そこで，事業者の側は，ステークホルダーの感情や態度を常に読み取りながら，リスク・コミュニケーションの枠組みを作っていく必要があります．

　こんな例があります．筆者(宇於崎)は，ある組織内の人物の自殺後，その組織からの依頼で，自殺した人物が置かれていた環境についての調査を行ったことがあります．自殺した人物の家族，同期，友人，先輩，後輩などに数か月にわたって複数回，聞き取り調査を行いました．その結果，一つひとつの事象について，それぞれの見解がまったく違うということが判明しました．見解が違う理由は，"立場が違うから"ということが一番大きかったでしょう．背景，つまり"裏の事情"をどこまで知っていたかによっても，相違が生じていました．いずれにしても，それぞれの人が同じ時期に同じ人物に接し，同じことを見聞きしていたのに，全員が違う解釈をし，違う感じ方をしていたのです．

　調査結果がまとまり，関係者に報告したとき，"各人の見解がまったく違う"という事実に，あらためて関係者全員が驚きました．「〇

○さんも自分と同じ意見だろう」,「あの人は自分の味方だろう」と各人がなんとなく期待していたのに,ふたを開けてみると全員の意見が違っていたのでした.中には,その結果にがっかりしたり,憤慨したりする人たちもいました.

　この例のように,ひとつのできごとをめぐる解釈や感じ方が違うなかで,それぞれの立場の人が「自分の解釈が正しい」,「自分の思いが正しい」と主張しあうと,決裂する事態も起こりえます.一人の人がある意図で口にしたひと言を,他の人がまったく違う意味に解釈し,それだけで決定的な破綻が起きてしまう場合すらあります.事業者の側にいる人は,こうした決裂によって組織が受ける被害も考えに入れ,常にステークホルダーの見方,解釈,態度,行動を見きわめながらコミュニケーションをしていかなければなりません.これは個人の間のコミュニケーションでも同様です.相手の気持ちを考えずに,自分が正しいと思う意見ばかりを主張していたら,それは単なる押しつけで,コミュニケーションではありません.

　一度,決裂してしまった議論を再びコミュニケーションの形に戻すのは至難の業です.社会心理学で言う"態度の極端化"(attitude polarization)と呼ばれる現象が起き,意見の分かれたグループはそれぞれに"正しい"と信じることにしがみつき,意見の違いをいっそう大きくしていくからです.先ほどの,"知事選挙をめぐる同僚との議論"で言えば,選挙についてはなにも考えていなかったあなたが「自分は△△さんを支持する」と口にしたとたん,同僚から「なぜ?」,「間違っているよ」,「○○氏がいいに決まっているじゃないか」と言われる.ただでさえ好きではない同僚にそんなふうに言われたことへの反応として,あなたは△△氏支持の理由を次々と持ち出し,○○氏を批判し,それを自分の態度として固めていくことになるのです.こうなると,"議論のための議論","反対のための反対"

になってしまい，コミュニケーションは成り立ちません．

　このような事態を予防するためには，「自分（の組織）が正しい」，「市民，消費者，ステークホルダーは間違っていて，自分たちの活動をじゃましようとしているだけだ」という考えをひとまず措いたうえで，コミュニケーションの相手が伝えてくる内容にしっかりと耳を傾ける必要があります．聞くことで必ず，「ああ，一理あるな」と思う部分も出てくるでしょう．リスク・コミュニケーションの質だけでなく，組織の活動そのものを良くしていくための材料も見えてくるかもしれません．

　前出の自殺した人物をめぐる環境調査では，関係者同士の決裂を防ぐため，各関係者の意見が違う理由について筆者ら調査チームのメンバーは必死になって考察しました．そして，理由の多くは"情報量の偏り"と"コミュニケーション不足"が原因だと結論づけました．第三者から見るとあたりまえのことかもしれませんが，関係者は意外にもそのことに気づいていませんでした．そこで，調査チームは意見対立の原因についての考察結果を関係者一人ひとりにていねいに伝えました．そうしたところ，「ああ，なるほど．だから，あの人はそんなふうに思ってしまったのか」と，多少なりとも緊張関係が改善する場面が最後には見られました．

(3)　正直に，率直に——"安全"と"安心"の視点から

　近年，"安全・安心"という言葉をよく耳にします．この2つは，並べて考えることができる似たもの同士なのでしょうか？

　言うまでもなく，安全と安心は違います．"安全"とは"受け入れ不可能なリスク"（社会として受容できない深刻なリスク）がない状態を指し，客観的な基準を設けることも可能です．筆者（掛札）がかかわっている保育園の安全の分野で例を挙げると，遊具の枠の

第 3 章　リスク・コミュニケーションの原則　　41

すきまが何センチ以下であれば，特定の年齢の子どものからだがすり抜けてしまったり，からだの一部をはさまれたりすることはまずない，といった基準を作ることが可能です．EU[9]や米国消費者製品安全委員会（CPSC）[10]は，実際にこのような基準を策定しています．

　一方，"安心"は人の主観的な感情です．何をもって安心と感じるかは人それぞれ違います．安心の反対である"不安"を考えてみればもっとわかりやすいでしょう．どんなことを不安に感じるか，同じできごとをどの程度，不安に感じるかは，人によってまったく異なるのです．

　安全と安心を座標軸で分類すると，図2のようになります．社会にある物やできごとは，すべてこの座標に乗せることができます．

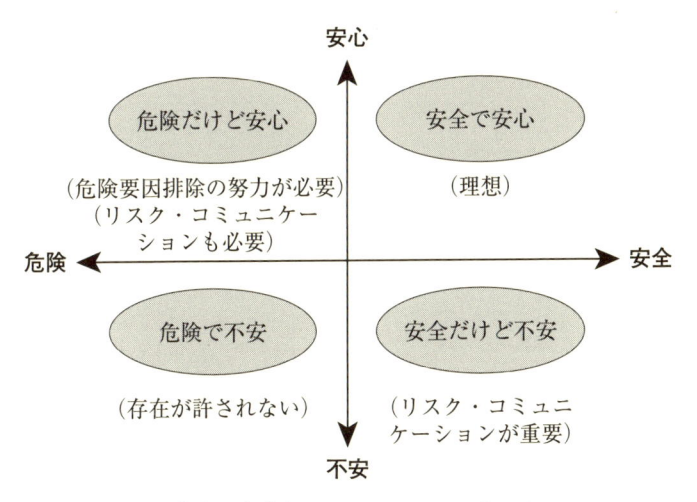

図2　安全，安心とリスク・コミュニケーション
（2011年2月3日第15回おおた工業フェア併催危機管理セミナーでの小山富士雄氏の講演資料をもとに宇於崎が作成．）

図2の座標軸で考えると，リスク・コミュニケーションが特に必要な状態には2つあります．ひとつは，"危険なのに，ステークホルダーは安心している（危険を感じていない）"状態，もうひとつは，"安全なのに，市民・消費者等ステークホルダーが不安に感じている"状態です．

　"危険なのに，ステークホルダーは安心している（危険を感じていない）"状態は，ステークホルダーがリスクの存在に気づいていない，リスクを理解していない，またはリスクを過小評価している場合です．このような場合，リスク・コミュニケーションを行うと"寝た子を起こす"ことにもなります．事業者は，「ステークホルダーがこのままリスクに気づかずにいてくれたら，自分たちはどれほど楽だろう」とつい思ってしまうかもしれません．だからといって，リスク・コミュニケーションを怠ってはいけません．「市民・消費者が気づいていない（安心している）から，言わないでおこう」という態度をとることは，正直ではなく，不誠実です．そして，リスクが顕在化してクライシス（事故や汚染，疾病の拡大など）に至り，以前から事業者がリスクに気づいていたのに伝えていなかったことが明らかになった場合，それ自体が事業者による"組織的隠ぺい"ととられ，大騒ぎとなり，もうひとつのクライシスにつながります．

　一方，後者の"安全なのに不安を感じている"のほうは，リスク・コミュニケーションとしては一見，簡単そうに見えます．科学的なデータを示して「安全ですよ」と言えば，誰もが「ああ，そうか」と納得してくれるように思えます．しかし，これが実は容易ではないのです．大きな理由は2つあります．ひとつは"安心・不安"の感じ方は個人によって違うため．もうひとつは，もともと信頼されていない事業者がいくら科学的なデータを示しても，市民・消費者等ステークホルダーはそのデータを信用せず，"安心"を感じな

第3章 リスク・コミュニケーションの原則

いからです.

　安心と不安の感じ方が人によって違うという点は，後の項で詳しく説明します．ここでは，"信頼"と"安心"の間の関係について，まず説明しましょう．

　これまでの研究から，市民・消費者は，自分が信頼していない事業者が発する情報は信用しない傾向にあることがわかっています[11), 12)]．つまり，いかに正しい情報を発信しても，その事業者が信頼されているかどうかによって，情報の受け止められ方が違うということです．"何を言うか"だけではなく，"誰が言うか"も重要なのです．

　本当は安全なのに市民・消費者が不安に感じている，ということは，そもそもその事業者や業界に対する信頼が薄いということかもしれません．その場合，どんなに「このデータを見てください．安全なんですよ」と説明しても，「きっと嘘をついているんだろう」と思われ，信用されないどころか，いっそう信頼を失う"負の循環"に陥ります[12)]．

　では，どうしたら，信頼される組織を作ることができるのか？——すでに述べたとおり，市民や消費者等のステークホルダーと平時からリスク・コミュニケーションを続けることが信頼につながります．ていねいなリスク・コミュニケーションは，信頼を高め，情報に対する信用度も高める"良い循環"を作っていくのです．

　さて，もう一方の課題，"危険なのに，市民・消費者等ステークホルダーが不安を感じていない／安心している"場合について考えましょう．ひとつの例は，そのリスクがこれまでは知られていなかった（例：新しい技術を用いた製品など．または，落下防止柵のない駅のプラットホームのように，古くから使われているが実はリスクの大きいもの）場合で，このような状況では，市民や消費者にきちんと情

報を提供していかなければいけません．これは，事業者に対する信頼を構築する機会でもありますから，市民・消費者などのステークホルダーを最初からしっかりと巻き込んでいくことが大切です．

　もうひとつのケースは，事業者が信頼されていないために「恐怖をあおるのには，なにか裏の理由があるのだろう．信じないぞ」という反応を市民・消費者の間に生み出してしまい，目の前にあるリスクが正確に伝わらない場合です．

　ハリケーン・カトリーナ（2005年）のときにニューオーリンズで起きたできごとは，その典型例です．避難勧告が出たにもかかわらず，多くの住民は避難をしませんでした．特に，貧困層が多い地域でこの傾向がみられ，大きな人的被害を出す一因となったのです．もちろん，貧困層は車などの避難手段を持たず，避難したくてもできなかったというのもひとつの理由です．しかし，この地域の貧困層，あるいは米国南部の黒人が行政を信用していなかった点も大きな理由でした［詳細は巻末文献13) 参照］．

　不信には理由があります．1927年に起きた大洪水では，ニューオーリンズの金融街を守るため意図的に堤防が破壊され，貧困地域が大きな被害を受けました[14]．また，1932年から40年間，アラバマ州に住む数百人の黒人は，当時の梅毒研究の一環として"人体実験"の対象にされ，彼らの子どもたちや孫も健康被害を受けました．医師たちは"検査"と偽って黒人を梅毒に感染させ，治療もしないまま，その経過を観察したのです（"タスキギー梅毒実験"）．これらの歴史的背景から，「行政が言うことは信じない．自分の命は自分で守る」という感情が黒人層にはいまだ存在し，それがハリケーンの被害を大きくしたと指摘されています．

　人間はもともと危険，特に自分や自分の家族，周囲に対するリスクを過小評価する心理的傾向を有しています［正常性バイアス

モンスター・ペアレントの多くは, 事業者によって作られている

"モンスター・ペアレント"という言葉は, 保育園, 幼稚園, 学校で使われる日常用語となりました. しかし, 筆者が保育園・幼稚園での事例を分析するところから見えてくるのは, モンスター・ペアレントが"次々生まれている"という事実ではなく, 施設側の言動がモンスター・ペアレントを作っているケースも多いという現実です.

保育・教育施設で働く職員は, 施設長も含め, 本来, コミュニケーションのプロではありません. コミュニケーションの基礎を理解しないまま, よかれと思って言ったひと言, つい口をすべらせたひと言, あるいは共感を欠いた言動が保護者を傷つけ, 最初のすれちがいが次のすれちがいを生み, 溝を大きくしている例が多いようです.

子どものケガや事故が起きたときの保護者対応は, 筆者が常に尋ねられる事項です. "起きたとき"の対応(=クライシス・コミュニケーション)は, 状況, 保護者や職員の条件で変わりますから, 個別に考えざるをえません. しかし, ひとつ明らかなのは, 本書で述べているように, 平時から子どものケガや事故に関するリスク・コミュニケーションを続けていなければ, クライシスは深刻になるばかりだという点です.

ふだんから,「私たちの施設はこのような安全対策をしています」と具体的に伝え, 子どものケガや事故が起きる可能性が高いとき(遠足, 運動会, 調理実習など)には, 事前にケガのリスクと安全対策を伝えましょう.「なにかが起こるかもしれない」とわかっているときと, そんなことは考えもしないときとでは, 人間の反応は大きく異なります. 後者のほうが驚きも感情的反応(怒り, 喜び)も大きいのです. すり傷, 切り傷程度のリスクであっても, 対策とセットにして日ごろから伝えておくことが肝要です.

(掛札逸美)

（normalcy bias），楽観バイアス（optimistic bias）］．さらに，自分が感じている恐怖を否認する傾向も持っています．「たいしたことにはならない」，「自分（の家族）は大丈夫」，「怖くなんかない」……，こう思うのが人間の一般的傾向なのです．そこに，情報発信者（事業者）に対する不信が加わると，リスクの軽視，否認はよりいっそう深刻になり，危険があるのに，必要な対応をしないことになります．

このような状態は，平時のリスク・コミュニケーションはもちろん，大きな自然災害，大事故，深刻な感染症などが起きたときのクライシス・コミュニケーションでも深刻な結果をもたらしかねません．「パニックが起きないからよい」などと言っている場合ではなく，適度なパニック（迅速な反応と行動）は起きたほうがよいのです．実際，リスク認知研究の第一人者の一人である Peter Sandman は，米国保健社会福祉省が作ったクライシス・マネジメント対応の冊子の中で，「緊急事態の場合，恐怖は解決策の一部であり，（解決を妨げる）問題ではない」と書いています[15]．

このように，事業者に対する日常的な信頼は，市民や消費者の健康と安全を守るうえで重要です．その信頼を作る方法が，平時からの継続的なリスクマネジメントであり，リスク・コミュニケーションなのです．

(4) わかりやすい言葉で，思いやりを持って話す
(4.1) わかりやすい言葉で伝える
　　　　──難しいデータが"正しい"わけではない

リスクについて伝えるときには，事業者が持っているデータや証拠をただ並べればいいわけではありません．もちろん，事業者がリスク・コミュニケーションを行うときには科学的データを集め，そ

れを市民や消費者等ステークホルダーに提示することが必要です．しかし，データをただ示すだけで理解や共感を得られるとは限りません．

　2011年の東日本大震災と東京電力福島第一原子力発電所事故以降の放射性物質拡散問題を見ても，このことは明らかです．専門家がさまざまなデータを示し，農畜産物の安全性を訴えてきましたが，消費者の買い控えなどは今でも続いています．その背景には，前項で説明した"不安を解消することの難しさ"が理解されないまま，事業者や行政に対する不信が広がったこと，そして，データの示し方に問題があったことが考えられます．

　リスク・コミュニケーションでは，小学生レベルの理解能力でもわかる，やさしい，わかりやすい言葉にかみくだいて説明するスキルが必要になります．"やさしい"，"わかりやすい"とは，使っている単語のことだけではありません．説明そのものもわかりやすくなければいけないのです．たとえば米国では，貧困層人口の半分が小学校5年生レベルで書かれた健康情報を理解できないという調査結果があり，特に健康リスクが高いこの層をターゲットにしたアプローチも進められています．日本でも，情報の受け取り手の理解能力にあわせた情報発信が不可欠です．

　特に，高度な技術が日常生活に入り込んでいる今，事業者にとってはわかりきったことであっても，市民・消費者にとっては難しい技術，知識であることが多くあります．その点を理解せずに難しいデータをそのまま出したり，わかりにくいグラフや表にして見せたりすると，それだけで「伝える気がない」，「わざとわかりにくくしているのではないか」といった不信を生みます．難しい，生のままのデータが"正しい"わけではないのです．

　そして，"何が正しいのか"という点も大きな問題です．筆者（宇

於崎）は，官庁や企業を対象にマスコミ対応についてのコンサルテーションと研修を行っており，ここ数年は，日本全国で年間50回程度の研修を担当しています．そのような研修で，「マスコミはなぜ，正しく報道してくれないのか」という質問をよく受けます．リスク・コミュニケーションを今まで行ってきた事業者側の担当者も同様に，「住民や消費者は，物事をどうして正しく理解してくれないのか」と思っているのではないでしょうか．

　リスク・コミュニケーションを進めるためには，そもそも"正しい"とはどういうことなのか，を考える必要があります．科学者や専門家の言うことはすべて，そしてそれだけが"正しい"のでしょうか．

　言うまでもなく，私たちの身のまわりにあるほぼすべての物事は，立場や見方によって解釈が違ってきます．"正しさ"も，ある立場の人から見て正しいということでしかありません．たとえば，万有引力の法則や地動説，進化論などは，誰から見ても正しいように思うかもしれませんが，これらを信じていない（＝「間違っている」と思っている）人は，先進国にも少なからずいます（例：米国の"進化論 対 神による創造論"論争）．

　極論を言うと，ある立場の人があることを「正しい」と主張する場合には，その人にとってなんらかの意味で"都合がいい"ことを指しているだけ，ということも多いのです．つまり，主張や信念，目的のために証拠を集めている，または証拠を作っている場合が少なくありません．「そんなこと，するわけがないじゃないか」と思われますか？　実は無意識のうちに，こうした証拠集め（作り）が行われていることもあるのです．

　薬の治験，心理学などの実験で用いられる二重盲検法（double-blinded method）を知っている人も多いと思います．実験の場合，

参加者は自分の参加している実験条件を知らされません．二重盲検法ではそれだけでなく，実験（薬の投与や参加者への質問）を担当する人も，目の前にいる人がどの実験条件に割り振られているのかを知りません．これはなぜかというと，実験担当者が参加者の条件を知っている場合，担当者の言動にかすかな違いが生まれ，実験側が望むような結果が出てしまうケースが報告されてきたためです．これは，"観察者の期待効果（observer-expectancy effect）"と呼ばれます．実験結果の歪みを生む原因は，これ以外にもたくさんあります．「実験で得られたから正しいデータだ」と言うのは誤りです．"真に中立で正しい"結果を出そうと思うのであれば，研究デザインにさまざまな工夫を施す必要があります．

このようなことから工場やシステムにおけるリスクのチェックを行う場合，事業者自身が行うのではなく，第三者の中立機関が行うべきでしょう．事業者自身がリスク調査を行った場合，無意識のうちに自分たちの期待どおりの結果を導き出してしまう可能性があるからです．

(4.2) 思いやりをもって聞く
——理屈や説得で不安を解消することはできない

世の中のできごとや製品・技術に対する"安心"や"不安"の感じ方は，個人によって，さらには文化によってまったく違います．そして，すでに不安に感じている人を理屈やデータで納得させ，不安を取り除くことは，不可能でないとしても非常に困難です．"不安"の中には，事業者に対する不信も含まれているでしょう．よって，先の項で説明したように，不安（＋不信）を感じている人は，事業者の説明では納得しない可能性も高いのです．そのような事態を防ぐために，事業者はふだんから信頼を構築する努力をし，市民や消費者等，ステークホルダーが感じている不安に共感を示しなが

ら,その声を受け止めることが不可欠になります.

なによりもまず,不安や恐怖は,人間が動物として生存するために必要不可欠な感情です.これがあるからこそ,人は「地震だ!」,「事故だ!」とわかった瞬間にとっさの行動をとることができ,"火事場の馬鹿力"を発揮することもできるのです.生存するために必要な感情だからこそ,不安や恐怖をまったく感じない人はいません.ただ,個人によって程度の差,感じ方の違いがあるだけです.

不安を感じる程度の差は,どこから生まれるのでしょうか? 主な要因は,個人の性格,過去の経験,知識,周囲の人たちとの関係(共感や支援を得られているか)などです.不安は個人の性格の基本要素のひとつでもあり,個人差が大きいものです.

次に,過去の経験と不安の関係をみてみましょう.目新しいリスクは,なじみのあるリスクよりも強い不安を引き起こします.たとえば,2つのリスク認知研究から,原子力に関するリスクについて米国人と韓国人は,日本人とは異なるリスク認知をしていることがわかっています(図3).国を問わず,原子力に関するリスクは"恐

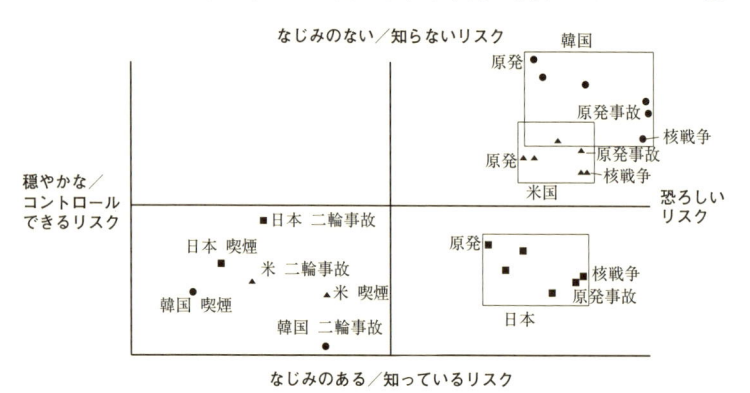

図3 原子力関係のリスクに対する認知の違い(米国・韓国対日本)

第3章 リスク・コミュニケーションの原則　　51

ろしいリスク"と認識されていますが、日本人だけはこうしたリスクを"知っている／なじみのあるリスク"とみなしています。これは広島・長崎の経験ゆえでしょう。実体験していなくても、日本人は"知っている／なじみがある"と認知するのです。一方で、喫煙や二輪車事故などのリスクについては、原子力にみられるような極端な違いはありません[16),17)]。

　知識も不安の程度に影響します。知っているリスク、理解できるリスクよりも、知らないリスク、理解できないリスクのほうが、不安を引き起こします。たとえば、子どもがシュレッダーで指を切断する事故が続いた後、ビジネス機械、文具の業界はシュレッダーのデザインを変えました。そして、ユーザーの不安を軽減するために、わかりやすく説明する工夫もしました。デザイン変更後のシュレッダーは安全なだけでなく、「このような構造ですから、子どもが指を入れても刃に届かず、安全です」と絵入りで説明しています。この説明を見れば、たいていの人は安心するでしょう。リスクそのものも、予防法もわかりやすいからです。

　では、地震のリスクはどうでしょう。長年、日本に住んでいる人は、どんな揺れが危ないか、揺れたらどうしたらいいかを知っているでしょう。けれども、日本に長年住んでいるということだけですべての人が同じように安心したり、不安になったりするわけではありません。大震災にあったかどうか（経験）、不安になりやすいタイプか（個人の特性）、地震のときの行動を訓練しているか（慣れと知識）、ビルの耐震構造やその効果を理解しているか（知識）、耐震構造を信頼しているか（システムや科学に対する信頼）といった要素によって、個人が感じる不安には差が出ます。

　さらに、複雑な科学技術に伴うリスク、たとえば、原子力発電所や放射性物質、食品添加物、遺伝子組換え作物となると、いっそう

安心の個人差は広がります．なぜなら，こういった科学技術に関する関心，知識，理解度は個人差が大きいからです．また，放射線も食品添加物も遺伝子組換え作物も，五感で察知することができません．そうなると，情報を集めて自分で理解するか，それができない（それをしない）のであれば，専門家や行政，企業の説明を信じる以外，安全を確認し，安心を感じる手段がないのです．このように知識が市民・消費者の手から遠くなればなるほど，その知識・技術を持っている事業者に対する信頼が重要になってきます．

　実際，これまでの研究から，知識と信頼，リスク認知の間の関係が明らかになっています[11]．米国市民が知識を持っている行動（自転車，自動車，喫煙など）の場合，監督官庁や事業者に対する信頼度と，それぞれのリスクに対する不安・安心は関係がありません．監督官庁や事業者に頼らなくても，市民個人が，それぞれにリスクの重大さを自分で判断できるからです．

　ところが，市民側の知識程度が低い（と市民が主観的に感じている）リスク（例：農薬，バイオ・テクノロジー，原子力発電など）の場合，監督官庁に対する信頼が高い回答者ほど，リスクについて"安心"と感じます．逆に，監督官庁を信頼していない回答者は"不安"と感じているのです．

　リスクが複雑になればなるほど，事業者や監督官庁に対する信頼が重要になります．「私にはよくわからないけど，信頼している企業だから大丈夫だろう」，「監督官庁がきちんとみているはずだ」という安心か，「信頼できない企業だから，'大丈夫だ'と言われても信じられない」，「監督官庁は事業者の側に立っているから信用できない」という不安か，どちらかの方向に向かうのです．不信が強まれば，本来は"安全で安心"（図2で"理想"とされているエリア）であるはずの技術に対しても不安が広がりかねません．

未就学児の保護者に対する
製品リスク・コミュニケーションの留意点

　未就学児の保護者は，子どもの安全や健康に関心を持っています．しかし，生活用品や玩具についている安全・危害情報に注意を向ける保護者は限られています．筆者(掛札)らが実施したフォーカス・グループ・インタビューなどでは，「○○が作っている（売っている）玩具・製品だから，安全なはずと思って使っている」，「注意表示には，あたりまえのことしか書いていないから，読む必要を感じない」，「注意表示は，何かあったときに企業が責任を逃れるために書いてあるだけ」という声が多数聞かれました．

　多忙な生活の中で，保護者が子どもの安全や健康に割くことのできる資源（時間，お金など）は限られていますから，保護者がこのような認知のショートカット（近道，短絡）を使うことは理解できます．一方で事業者は，「危害・安全情報は製品に記載してある．それを読まずに事故が起きても，それは保護者の責任だ」という態度をとりがちです．両者の意識の乖離は深刻です．

　「○○が作っている（売っている）玩具・製品だから，安全なはず」という保護者の声は，製造・流通業者に対するほめ言葉ではなく，これまでのリスク・コミュニケーションの欠如の結果です．リスク・ゼロの製品はありえませんから，製造・流通業者は消費者(保護者)に"万が一のリスク"を伝わる形で，伝える義務があります．せっかくの情報も伝わらなければ，保護者は適切な危険回避行動をとることができないのです．

　保護者は，万が一に起こる可能性のある危害，その原因となる製品の部位や特徴，危害を防ぐための情報がそろった安全・危害情報は「効果がある」とみなします．ただ，「子どもの手の届かない所に置いてください」と書いたのでは，効果が低いのです．保護者を"子ども扱い"せず，危険と安全に関する情報を"伝わる形で"伝えましょう．

（掛札逸美）

不信から生まれる不安を増幅させないためには、くりかえしになりますが、とにかく平時から市民・消費者に対するリスク・コミュニケーションを続けるしかありません。そして、不安に対して耳を傾け、不安に対する共感を具体的な言葉と行動で常に示しましょう。

(5) 準備をし，結果を評価する

リスク・コミュニケーションの7原則は，事業者に対する行動のガイドラインです。ステークホルダーを"受け入れ"，"巻き込み"，ステークホルダーの声に"耳を傾け"，"正直に"，"わかりやすく"，"思いやりをもって"話す。これらはすべて目に見える行動として行われなければならないものであり，「こういう気持ちで取り組めばよい」という，あいまいなものではありません。あるいは，「私たちは皆さんの声に，真摯に耳を傾け，誠実に対応していきます」と，ただ言えばよいというものでもありません。事業者の行動，リスク・コミュニケーションの担当者の行動として，目に見える必要があります。

リスク・コミュニケーションが事業者の活動として必須になっていく現状では，まず，事業者のトップやリスク・コミュニケーションの担当者がしっかりしたコミュニケーション・トレーニングを受ける必要があります。相手の意見や質問に"耳を傾け"，"受け入れ"，"共感を示す"行動を，相手が感じられるような形でできるようになるためにはトレーニングが必要です。これは，表層的なマナー研修とは一線を画すものです。

日本で実施されているマナー研修("コミュニケーション・トレーニング"と呼ばれることもある)は，画一的なマニュアルに陥りがちです。リスク・コミュニケーションのように複雑な場，すなわち，コミュニケーションをしている相手の心理を理解しながら，相手の

ニーズと自らのゴールを天秤にかけつつ，相手の感情と理性に働きかけていく必要がある場では不十分です．

　リスク・コミュニケーションの準備には，もちろん，事業者のプレゼンテーション準備も含まれます．事業者が活動の目的，目的に至るまでの過程とそこにあるリスクをステークホルダーに"わかりやすい"表現で伝える素材を作る必要があります．市民・消費者だけでなく，より専門的な知識を持った集団もステークホルダーに含まれる場合には，ステークホルダーごとにプレゼンテーション素材を作りましょう．このとき，「この人たちにはどうせわからないのだから，これは伝えなくてもいいだろう」と考え，ステークホルダーごとに，伝える内容を変えてはいけません．内容を変えていることが明らかになった場合，"情報操作"として，事業者に対する不信を引き起こすからです．情報の内容は変えることなく，ステークホルダーの知識，文化に伝え方を合わせることが肝要です．

　ちなみに，情報の受け手の知識，理解度だけでなく，集団の文化に合わせた情報の提示方法をすることは，cultural competency/competence（未訳語．カルチュラル・コンピテンシー，またはコンピテンスとカタカナ表記される）と呼ばれ，欧米のリスク・コミュニケーションでは必須の概念となっています．

　たとえば，中南米系米国人は，健康や病気になったときの意識や行動がアングロサクソン系米国人とは大きく異なります．文化，価値観がそもそも異なるためです．ですから，ある病気の予防を呼びかけるときに，アングロサクソン系米国人に配布するのと同じリーフレットを，同じような方法で中南米系米国人に配ったのでは，効果がないどころか，呼びかけた団体に対する不信（例：「あの団体は，自分たちの文化をわかっていない」）を生みかねません．

　こう書くと，「日本は米国のような多文化社会ではない」と思わ

れるかもしれません．けれども，たとえば，今の20代人口と70代人口を考えてみてください．この2つの集団は，さまざまな意味で完全な異文化です．リスクについて伝えるとき，20代と70代を"同じ"と考えて対応することは不可能でしょう．日本でも，cultural competency を考慮に入れる必要があります．

　ステークホルダーの知識，文化に合わせるためには，その集団を理解しなければなりません．ここが，準備と結果（効果）評価の接点です．

　筆者（掛札）から見ると，日本は"事業の効果評価"という視点が非常に甘い社会です．もちろん，企業は売上，利益という形で事業の効果評価を示していますが，それ以外の場所では，事業の効果評価はほとんどなされていません．たとえば，"交通安全週間"，"安全衛生月間"，"児童虐待防止推進月間"といったときに貼り出されるポスターやテレビで流される公共広告．こうしたものは，そもそも目的に対して効果があるのかどうか，誰も評価してこないまま，何年も何十年も続けられてきました．高度経済成長期なら許されたのかもしれません．しかし，今は，経済状況がまったく違います．資源（お金と人材）を投入する以上，どんな事業者が行う活動も，効果評価をするべきです．欧米の多くの国では，助成金（公私問わず）を受け取る活動の場合，研究であっても啓発活動であっても，必ず事業の効果評価を組み込むことが条件になっています．

　リスク・コミュニケーション活動でも同様です．まず，各ステークホルダーの関心や不安，知識，感情の現状を把握し，この情報をもとに，文化も考慮に入れてリスク・コミュニケーションの準備をします．予想される意見，反論も考え，こちら側の対応も用意します．このとき，ステークホルダーをどう具体的に"巻き込む"かも考えます．ステークホルダーの意見や心配に対して「検討します」とだ

け答え，反論に対し，「そんなことはありません，安心してください」とだけ言ったのでは，ステークホルダー側に，「突き放された」という感情しか残りません．ステークホルダーをリスク・コミュニケーションに巻き込み，リスクマネジメントのパートナーとしていくためには，最初に対面する場でいかに効果的なコミュニケーションをできるかが鍵です．準備と同時に，十分なコミュニケーション・スキルを持った担当者が必要となります．

そして，リスク・コミュニケーションを行っていく過程で，ステークホルダーの意識や不安，知識，感情がどう変わっていくかを計測していくことも重要です．これが，リスク・コミュニケーション活動の効果評価になります．もし変化がなかったり，否定的な方向に変わっていたりしたら，原因を明らかにしてコミュニケーションの方法を作り直さなければいけません．肯定的な方向に変わっていたら，変化に合わせてコミュニケーションをステップアップすることが必要です．

では，どうやって意識や不安，知識，感情を測ればよいのでしょう？　アンケートだけでなく，個別インタビュー，フォーカス・グループ・インタビュー，あるいは，インタビューやミーティングの議事録をもとにした内容分析（content analysis）など，社会心理学や社会学で用いられるさまざまな科学的方法があります．ただし，アンケートもインタビューも，専門の第三者に委託すべきです．こうした手法は，何を，どのような順序で，どう尋ねるかでまったく結果が変わってしまいます．真実に近い結果を得るには，アンケートやインタビューで起こる心理的歪みを理解した専門家が，質問の文言や順序に細かな工夫をすることが不可欠です．

また，事業者自身がアンケートを作ったり，インタビューを実施したりすると，先に述べた"観察者の期待効果"などの影響で，事

業者に都合のいい結果が出る形になりがちです．アンケートやインタビューに回答する側は，質問や回答の選択肢に含まれているバイアス（歪み）を敏感に感じるものですから，それも事業者に対する不信や反感につながりかねません．

(6) 信頼できる他の組織と協働する

東京電力福島第一原子力発電所事故後の対応でも明らかになったように，日本のいわゆる"縦割り"システムは，他組織との協働を難しくしがちです．リスク・コミュニケーションやクライシス・コミュニケーションの現場では，この"縦割り"は百害あって一利なしです．行政であれ企業であれ，担当によって，または部署によって言うことが違う，たったこれだけのことでもコミュニケーションを混乱させ，ステークホルダーからの信頼を失う原因になります．

縦割りのシステムを変え，協働を進める方法は本書のテーマではありませんが，リスク・コミュニケーションに取り組む以上，包括的な情報を提供しつつ，コミュニケーションの一貫性を保つためには必須の点と言えるでしょう．

(7) マスコミのニーズに応える

言うまでもなく，マスコミは社会に対して大きな影響力を持ちます．消費者も地域住民も，ときにはいわゆる"有識者"や行政でさえ，マスコミの論調に流されてしまいます．よって，事業者はマスコミに間違った報道をされては困るのです．

マスコミを味方につけるには，まず，マスコミのニーズに応えることです．これは，マスコミが気に入ることを言うとか，マスコミ関係者にこびへつらうということではありません．報道の仕組みを知って，マスコミ関係者が報道しやすい環境を整えるということで

す．

具体的にはどうすればよいのでしょうか．事業者がマスコミ向けにリスク・コミュニケーションを行う上での注意点を以下に示します．

(7.1) マスコミから逃げない．取材の申し込みがあれば受ける

記者が関心を持って，問い合わせをしてきたり取材を申し込んできたりしたときはなるべく対応すべきです．対応の方法はいくつもあります．直接，記者に対面するインタビューや記者会見だけではありません．資料を提供するという方法もあります．

一番してはいけない行動は，記者を無視することです．記者は当事者への取材をもとに報道したいのです．なぜなら，それが一番確かな情報だからです．取材拒否された場合，記者は取材を受けてくれる人，話をしてくれる人のところへ行きます．一般的に日本では，"○○反対派"と言われる人々の意見がマスコミに登場することが多いのは，単純にこういう理由からです．反対派の人々は顔を見せ実名を出してでも，反対理由を一所懸命，訴えます．一方，事業者のほうは，"リスクにからむことはできるだけマスコミ関係者に話したくない"という態度をとります．担当者が顔を出すこともいやがります．結果的に事業者側の主張はマスコミに届かず，報道もされません．

事業者が，「マスコミ報道は偏っていて不公平だ」と感じることがあるなら，まずは自分たちが反対派の人たちと同じだけ取材対応をしているのか，振り返ってみてください．マスコミ対応のために使ったエネルギーが相対的に少ないのなら，まずそれを増やしましょう．

(7.2) 資料を用意する

マスコミ対応するときには，必ず配布資料を用意し，記者に渡し

ます.「言った」,「言わない」という問題を避けるためです.資料を渡すときは,それがそのまま報道される可能性もあることを意識してください.組織の外に出してよいデータなのかどうか,担当者個人ではなく組織全体の見解なのかどうかを確認しながら,資料を作ってください.

たとえば,米国保健社会福祉省が作ったクライシス・マネジメント対応の冊子[15)]はもともと,マスコミがテロや災害のときに参照できるようにとの目的で作られ,ネット上でも公開されています.さまざまな生物化学兵器や毒物の解説,対策,過去の事件,市民の心理的反応や精神的ケアまで広く網羅された259ページの冊子があることで,情報は一貫性を保つことができ,報道側も行政・医療側も,なにかが起こるたびに同じやりとりをする苦労をせずにすみます.

(7.3) 専門用語,外来語はなるべく使わない.使う場合は平易な解説を付ける

はじめから専門知識を持った記者やレポーターが取材に来ることは,まずありません.また,マスコミ業界全体に言えることですが,理系や技術系の人は非常に少ない傾向があります.ですから,化学式や数字はそのままの形ではなく,どういう意味なのかを平易な言葉で解説してください.話すときも平易な言葉で話しましょう.面倒だと思っても手間を惜しまず,ていねいに説明してください.目の前の記者に理解してもらえない限り,きちんと報道されることはありえないという点を理解してください.

(7.4) 結論から先に言う.背景や理論の説明はあとでよい

記者は,いつも締め切りに追われています.時間がありません.冗長な説明はいやがられます.まずは結論を先に伝えましょう.細かい背景や難しい理論についての説明は後にしてください.

第3章　リスク・コミュニケーションの原則　　　61

(7.5)　ステークホルダーの不利益となるかもしれないリスクを隠さない．こわいものはこわいと知らせる

　リスクを隠すことは不信感のもとです．事業者がリスクをどのように表現するかで，正直かどうかが判断されるのです．リスクの存在や大きさを隠してはいけません．また，リスクを実際より小さく見せるような細工をすることも避けましょう．たとえば，"1.5"，"3.8"と表示すればよいところを，単位を変えて"0.0015"，"0.0038"

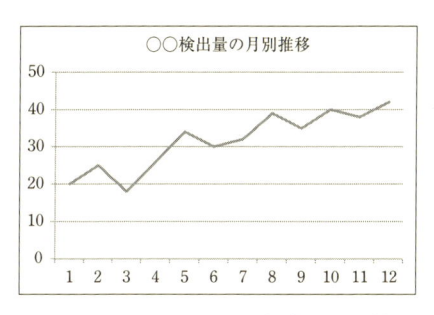

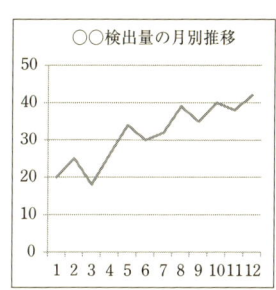

図4　グラフの操作1：X軸の間隔を広げるだけで，
　　　　変化は緩やかに見える

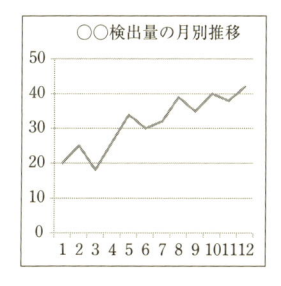

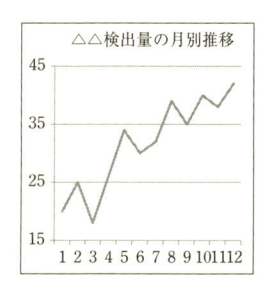

図5　グラフの操作2：Y軸の間隔，最大値・最小値が異なる
　　　　グラフを並べることでデータに対する印象を操作する

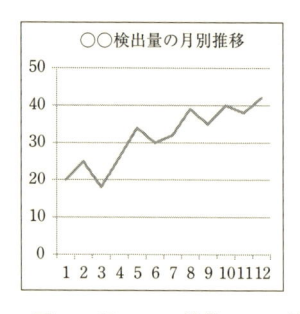

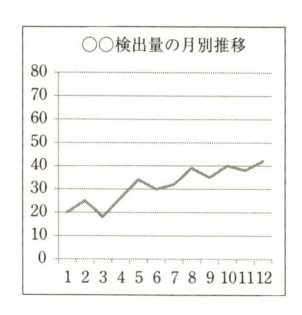

図6 グラフの操作3：Y軸のスケールを大きくすると，変化が緩やかに見える

と表示する，グラフの軸表示を恣意的に操作する（図4〜6）ことも，こうした細工に入ります．

(7.6) 今，ステークホルダーが何をすればよいのかを具体的に示す

ここが一番大事なポイントです．マスコミ関係者は自分たちの読者・視聴者のことを常に考えています．読者・視聴者のために取材し，報道します．マスコミにとっての読者・視聴者とは，事業者をとりまく地域住民であったり消費者であったりします．つまりは事業者にとっても大事なステークホルダーです．その人たちが，当該リスクに対してどのように考え，何をすればよいのか，あるいは何もしなくてもよいのかを具体的に示してください．そのような具体的な情報こそ，読者・視聴者，つまりはステークホルダーが求める情報です．求められる情報を提供することで，事業者の誠実さや思いやりを示すことができ，信頼関係構築にもつながります．

(7.7) 事業目的を明確にする．リスクを伴う事業を行わなくてはならない理由を明示する

あたりまえの話ですが，事業者には事業目的があるからこそリス

クを冒してでもその事業を行いたいわけです．なぜそうまでして，その事業を行いたいのか，今一度考えてみましょう．単に儲けたいからではないはずです．その事業を通して，社会に貢献したいという意志や，貢献できるという確信があるでしょう（もし，そうでないなら，その事業はいますぐ中止すべきだということになります）．あたりまえのことだからこそ，この点について事業者はしばしば説明を忘れています．自分たちの事業目的を明確に示し，マスコミ関係者や読者・視聴者から共感を得られるよう努力しましょう．

(7.8) わからないことは「わからない」とはっきり言う

日本の組織人の特徴のひとつに，"わからないことを，わからないと言わない"ということがあります．当事者なのにわからないなんて，沽券にかかわると思っているのでしょうか．それゆえ，わからないことを相手に悟られないように，話をそらしたりあいまいなことを繰り返したりする傾向があります．このような行動をしていると結果的には誤解され，間違った報道をされてしまいます．"当事者もわからない"ということも立派な情報なのですから，わからないことは「わからない」と正しく伝えてください．

(7.9) 聞かれたら何度でも説明する

筆者（宇於崎）は，「マスコミ関係者に何度も同じことを言うのはうんざり」という嘆きを，さまざまな事業者から聞いています．「なんとかならないか」との相談も受けますが，これはなんともなりません．記者から聞かれたら，何度でも同じことを説明してください．

事業者の多くが忘れていることですが，マスコミ各社も普通の会社です．人事異動があります．毎年，新入社員や中途採用者も入ってきます．毎年のように担当記者や担当ディレクターは入れ替わります．だから，毎回，違う人が同じ質問をしてくるのです．

事業者側は，「前任者からちゃんと引き継ぎをしておいてほしい」

と思うかもしれませんが，現実には非常に難しいことです．マスコミ関係者は日々，広範囲にわたる膨大な情報を扱っています．人事異動の際には，後任に引き継ぐ時間も短く，引き継ぎ作業は充分にはできません．繰り返しますが，まず目の前の記者に理解してもらえなければ，報道も成り立ちません．面倒だとは思いますが，記者に求められれば何度でも説明してください．

(7.10) 記者等マスコミ関係者が勉強する機会を提供する

記者をはじめ，あらゆるマスコミ関係者は勉強熱心です．新しい情報を得ようという意欲が強く，情報処理能力も高い人たちです．事業者の抱えるリスクや社会の問題についても常にアンテナを張って，最新情報を得ようと努力しています．問題なのは，彼らには時間がないということです．研究者のようにじっくり腰を落ち着けて勉強する機会はなかなかありません．

そこで，事業者側が報道関係者向けにリスクについての勉強会を開くと歓迎されます．たとえば，半年に一度，新聞社の原稿締切時間が過ぎて記者たちに時間的余裕が生まれる夜8時から2時間，勉強会を開き，あるリスクについて事業者側の研究者が解説し，記者の素朴な質問に答えるといった機会を設けるとよいでしょう．あるいは，事業者に直接関係ないことであっても，記者が抱く科学的な疑問について，いつでも回答できる担当者を置くことも有効です．

これらの活動の目的は事業者の主張を伝えることではなく，記者の知識レベルの底上げです．そうすることで，事業者の話を正しく理解してもらえるようになります．また，ひんぱんに接することで，お互いの信頼関係も生まれます．それがやがて，よりスムースで健全なリスク・コミュニケーションにつながっていくことでしょう．

リスク・コミュニケーションにおける
ソーシャルメディアの活用について

　Twitter や Facebook, mixi 等のソーシャル・ネットワーキング・サービス（SNS），いわゆるソーシャルメディアをリスク・コミュニケーションに活用することは，将来，事業者にとって必須となるのは明らかです．しかし，現段階では，まだその現実的な方法が確立されていません．多くの企業や自治体が"公式アカウント"を設けていますが，それらがリスク・コミュニケーションにおいて効果を発揮した例を，筆者はまだ発見できていません．

　SNS は，リアルタイムに情報発信したり，質問に答えたりできることが特徴です．これはもろ刃の剣でもあります．もし，不安にかられたステークホルダーが SNS 上で事業者に対し何かを問いかけてきたとき，事業者が瞬時に応答しないと，「自分の声が無視された．この事業者は誠実ではない」とみなされてしまいます．

　もし，SNS をリスク・コミュニケーションに取り入れるならば，中途半端はいけません．ステークホルダーが不特定多数であるならば，24 時間 365 日，真剣に SNS に向き合っていかねばなりません．そのためには，専任担当者を 6～8 人は確保しなくてはならないでしょう．膨大な費用がかかるので，実現にはかなりの困難が予想されます．

　SNS 対策として今すぐできることは，事業者自らが SNS で書き込みをするのではなく，自分たちのホームページを充実させることです．リスクに関する事業者の見解や対策をホームページに掲載することです．SNS ユーザーが，何か疑問に思ったり不安を感じたりしたときに，すぐにホームページを見てもらえるような環境を整えましょう．

　事故直後のクライシス・コミュニケーションで，SNS が有効に活用された例はあります．

　2011 年 3 月 11 日に発生した東日本大震災のとき，コスモ石油千葉製油所の LPG タンク付近で火災が発生しました．火災発生直

後からTwitterや個人ブログ，メール等で情報が錯綜,「火災の影響で有毒物質を含んだ雨が降る」という流言飛語がまたたく間に広まりました．コスモ石油は翌3月12日，うわさを否定するメッセージをホームページに掲載しました．また浦安市などの周辺自治体は，Twitterの公式アカウントでこのうわさを否定しました．こうして，この騒ぎはあっという間に消滅しました．

インターネットの掲示板「2ちゃんねる」では，最初にこのうわさについての書き込みがあってから3時間後に，コスモ石油のホームページのメッセージや，それに関する朝日新聞のインターネット上のサイトasahi.comの記事，そして周辺自治体のホームページや公式アカウントの情報が紹介されました．それから約1時間後，2ちゃんねる上では，この話題は終息しました．

これは，スピードが命のクライシス・コミュニケーションにおいて，企業だけでなく周辺自治体が同時に対策を打ったことが奏効したよい例です．短期決戦のクライシス・コミュニケーションだからうまくいったのだと思われます．SNS担当者のエネルギーをこの話題に集中させる期間が比較的短くて済んだからです．

リスク・コミュニケーションは，クライシス・コミュニケーションとは違い，長期にわたり行わなくてはならない活動です．よって，SNSを使ってリスク・コミュニケーションをしていく場合も，一時しのぎの対応ではいけません．

リスク・コミュニケーションにおいては，中途半端にSNSを取り入れることよりも，まずはホームページの充実をおすすめします．

〈宇於崎裕美〉

第4章

人間はリスクをどうとらえているか
――市民・消費者の視点から

　効果的なリスク・コミュニケーションを進めるには，人間，特に情報の受け手が"リスク"をどのようにとらえているのかを理解することが重要です．リスク認知は，社会心理学，認知心理学，環境心理学，健康心理学，行動経済学，文化人類学など広い範囲で研究されていますが，その基礎となる部分を紹介します．

●人間は主観的で，リスクを軽視する生き物

　コミュニケーションは，単なる客観的なデータや情報の交換ではありません．コミュニケーションは，人や組織という"主観"や"感情"を持った存在が行うものです．そのため，リスクやコミュニケーションにかかわる人や組織の心理の基礎を理解したうえで取り組むことが必要です．

　「人間が主観的だというのはわかるが，事実は事実．事実が曲がって伝わることはないだろう」と思われるかもしれません．けれども，ひとつのできごと（事実）も，それを見る人によって違った記述や解釈をされます．文化人類学者のKarl G. Heiderは，この現象を「羅生門効果（Rashomon effect）」と呼んでいます[18]．『羅生門』は，芥川龍之介の『羅生門』と『藪の中』をもとに黒澤明監督が製作した映画で，海外でも非常に有名です．Heiderは，ひとつの儀式や習慣を観察した文化人類学者がまったく異なる記述や解釈をして，議論をかもしてきた経験から，映画『羅生門』（小説では『藪の中』の内容）のように，「（民俗学の記述は）'事実'ではなく，観察・

記述する側の主観や価値観に基づいて構築されるものだ」と論じています．

"事実"が主観的に作られるものであること，周囲の意見や集団のプレッシャーが"事実の主観的な形成"に強く影響することは文化人類学だけでなく，数多くの心理学実験からもわかっています．

たとえば，1974 年に発表された Elizabeth F. Loftus と John C. Palmer の実験[19]は，車の接触事故の映像を見た被験者の記憶が，後の質問に使われた言葉の違いひとつで操作されうることを示した有名な例です．「2 台の車が＊＊＊＊ときの速度は，どのくらいだったと思いますか」と質問された被験者は，「＊＊」にあてはまる言葉が，「激突した（smash）」，「ぶつかった（hit）」，「接触した（contact）」等と異なるごとに，統計学的に有意に違う速度の推定値を回答に書いたのです．両極端の「激突」（推定値の平均は時速 40.8 マイル）と「接触」（時速 31.8 マイル）では，10 マイル近い差が出ました．また，「激突した」という表現を読んだ被験者は，「ぶつかった」という表現を読んだ被験者よりも有意に，「映像の中で，割れたガラスを見た」と回答しました（実際には，割れたガラスの映像はありませんでした）．

そして，リスクに関しても同じように，主観性や文化の影響が働きます．リスクに対する人間の認知に関連するもっとも根本的な原則は，次の 3 つです．

① 人間は，ものごとの"理（ことわり）"を理解したい生き物である．
② 人間は，できる限り"考えたくない"生き物である．
③ 人間は，楽観的な生き物である．

(1) 人間は，ものごとの"理(ことわり)"を理解したい生き物である

人間は身のまわりに起こることを"理解したい"生き物です．"理解する"と言っても，地震が起こるメカニズムや，ヒューマン・エラーが起きるプロセスすべてをこと細かに，科学的に理解したいと，すべての人が思っているわけではありません．英語の"make sense"という言葉に示されるように，「ああ，そうか．そういうことなんだ」と納得したい——それがここで言う"理解"であり，理解（納得）のしかたは個人，集団，時代によって大きく異なります．

たとえば日本ではかつて，地震は「地中の大ナマズが暴れるから起こるもの」と思われてきました．日本と同じように，さまざまな災害に見舞われるフィリピンでは，固有の自然信仰とキリスト教が結びつくことで，災害によって起こる心理的なダメージを小さくする文化（災害やその被害を解釈する物語や信仰）が作られてきたと文化人類学者は報告しています[20]．日本の自然信仰の基礎にも，災害を八百万(やおよろず)の神の意志として受け止め，「納得しよう」とする意図があったのかもしれません．

また，ウイルスやバクテリアが発見されるまで，感染症は"悪い空気"（ギリシア語でmiasma）によるものであると世界各地で信じられていたことは，ご存知だと思います．いずれにしても，人間は"納得できないこと"を納得できないままにしておくことができず，そのときに手に入る知識を総動員して，「こういうことなんだ」と納得しようとします．

今の時代，なにもかもが科学的に解明されたように思われている節もありますが，まだまだ多くのことが解明の途上です．そして，"事実は明らかにこれひとつ"と言えることは，今の時代でも決して多くはありません．たとえば，ごく一般的な風邪を例にとりましょう．東アジア文化の中には，"冷え"が風邪の一因であると考える人が

います．しかし，この"冷え"という概念は，米国の主流文化にはありません．米国人にとって，風邪はあくまでもウイルスが引き起こす病気です．筆者（掛札）は米国在住中，真冬のコロラドでサンダルを履いている人や，初冬にお腹が見える短いTシャツを着ている女性を目にするたびに，「風邪をひく！」と思ったものですが，彼らにとってはそんなことはありえない．風邪とはなにか，風邪の原因はなにか，たったこれだけのことでも，まだ，世界に"事実"は存在しません．

「理を知りたい」，「納得したい」……，人間のこの傾向は，早い段階からの継続的なリスク・コミュニケーションが必要とされるひとつの大きな理由となります．つまり，リスクについてきちんと知らされないまま，情報を得られないまま，納得できない状況に置かれた場合，市民・消費者は自分たちなりの方法で情報を集め，それぞれが納得したい方向で納得しようとするからです．納得できない状況を当初，「怖い」と感じた人の間でも，その怖さを確認するために情報を集める人と，怖さを否定するために情報を集める人という違いが現れてきます．納得できない状況を「大丈夫」と感じた人の間でも，同じように両極端に向かうでしょう．

そして，市民・消費者は自分たちで解釈を作りあげ，お互いの説を持ち寄って論争を始めます．事業者も論争のターゲットになります．こうなってから，中心にいる事業者や専門家がいくら"正しい情報"を出しても遅いのです．市民・消費者はすでにそれぞれ，"納得の枠組み"を作ってしまっていて，その枠組みからはなかなか出ようとしないからです．さらに，この状態で進む議論は，歩み寄りや相互理解のための議論ではなく，逆に議論の分裂と立場の極端化（polarization）のための議論になることは，人間の意識／態度が構成される過程を研究した一連の社会心理学の実験から明らかに

なっています．そして，このような事態は，東京電力福島第一原子力発電所事故の後にも起こっています．

事業者と市民の双方を巻き込んだ論争，対立が，事業者の目的遂行にとってどれほどマイナスであるかは言うまでもありません．相互理解と目的遂行のための建設的な議論の場を作るためには，早い段階からの継続的なリスク・コミュニケーションが不可欠です．

(2) 人間は，できる限り"考えたくない"生き物である

「納得はしたい」，でも「いろいろ考えるのは面倒くさい」，個人差は大きいものの，人間は基本的に心理学者が言うところの"cognitive miser"（認知的ケチ）です．2002年にノーベル経済学賞を受賞した心理学者 Daniel Kahneman と彼の長年の共同研究者だった Amos Tversky は，人間の思考過程，意志決定の過程に起こるさまざまな短絡やバイアスを明らかにしたことで知られています[21]．リスクがある中で起こる人の意思決定についてモデル化したプロスペクト理論（Prospect theory, 1979）も，この2人によるものです．

行動や意思決定のあらゆる段階で，手に入る限りのすべての情報を集め，情報を細かく分析して考えていたら，とてもではありませんが，日々の生活を営むことができません．ですから，"認知的ケチ"であることは，人間にとって合理的だと言えるでしょう．しかし，リスクに関する判断では，これが裏目に出ることが少なくありません．自分が信じたい方向に合致する情報や，すぐ手に入る情報，記憶に強く残っている印象的な情報をもとにして，客観的なデータよりも自分の経験に基づいた判断を下しやすいためです．そして，このような判断が一度起こると，前項で述べたように人間はなかなかその態度を変えません．

リスクに対して人間が持つバイアスのひとつを表1に示します．これは，リスク認知の専門家である Paul Slovic らが長年行ってきた研究をまとめたもので，リスクの受容されやすさを示しています[22]．"受容されやすい（受け入れられやすい）リスク"とは，「この程度のことであれば，しかたのないことだ」と個人や集団が感じるリスクを指し，"受容されにくいリスク"とは「そんなことが起こるなんて！」と個人や集団が感じ，怒りや不満につながるリスクを指します．

表1 受容されやすいリスク，されにくいリスク

より "受容しやすい（されやすい)" リスク	より "受容しにくい（されにくい)" リスク
自然災害	人災
自身で選んだ（と感じる）リスク（余暇で行ったスキーによる骨折）	他から押しつけられた（と感じる）リスク（暴力を受けた結果の骨折）
個人のコントロールが可能とみなされるリスク（自動車運転に伴う事故）	他がコントロールしているリスク（列車事故，飛行機事故）
明らかな利益を伴うリスク（公的交通がない地域での自動車事故）	利益を伴わないリスク（無差別殺人による死亡）
公平に分散しているリスク（一般的に見たときの，台風や地震等の天災）	不公平に分散しているリスク（ニューオーリンズの低所得者層にとって，台風は不公平なリスク）
よく起こる（ように見える）リスク（自動車事故）	悲劇的なリスク（飛行機事故）
信頼する対象によって引き起こされたリスク	信頼しない対象によって引き起こされたリスク
なじみのあるリスク	なじみのない，新しいリスク
成人に影響するリスク	子どもに影響するリスク

自然災害と人災では，後者のほうが受容されにくいのは明らかです．しかし，同じ自然災害（例：米国南部に被害を及ぼすハリケーン）でも，集団によってリスクの受容されやすさは異なります．また，自動車事故によって死亡する確率は，飛行機事故で死亡する確率よりも圧倒的に高いにもかかわらず，自動車事故は頻発するため，"悲劇的"とは受け止められません．一方，飛行機事故はめったに起きず，起きたときのニュースの量も多いため，"悲劇的"と受け止められ，事故を起こした企業への怒りも引き起こします．すでに述べてきたように，事業者に対する信頼もリスクの受容されやすさ，されにくさに影響します．

　こうした要因を考えると，平時からリスク・コミュニケーションを進め，信頼を構築しておくことの重要性がわかります．また，市民や消費者には理解しにくい高度な技術に関するリスク，これまではなかったような新しいリスクについては，メッセージやデータをわかりやすく加工する必要があります．そのようなリスク・コミュニケーションを先まわりして行うと，効果が高いということになります．いくら事実であっても，わかりにくい情報やこと細かなデータをそのまま出したのでは，受け手は決して受け取ってくれないからです．

　そして，情報の受け手に対する共感が事業者側に必要なのも，この特徴ゆえです．"いろいろ考えるのは面倒くさい"人間は，感情や経験をもとに判断をしがちです．リスク・コミュニケーションにおける，ステークホルダーの反応もそうです．事業者が地域住民や消費者などステークホルダーの感情や経験に配慮しないまま，自分たちの都合だけで情報を押しつけても，ステークホルダーは事業者の思惑どおりには感じてはくれませんし，理解してもくれません．ステークホルダーは，各自がもともと持っていた感情や経験をベー

スに反応してくるだけです．ですから，まずは事業者が，自分たちの事業や活動の内容にかかわりのありそうな部分について，ステークホルダーの感情や経験を知り，それらを受け止め，そこに寄りそう形でコミュニケーションを行うことが必要です．そうしないと，ステークホルダーは事業者に対して反感を抱き，不信感をつのらせるだけです．

(3) 人間は，楽観的な生き物である

東日本大震災後，正常性バイアス（normalcy bias）という言葉が多く聞かれるようになりました．これは災害／防災心理学の中で用いられる用語で，災害が起こる可能性と災害によって起こる悪い結果を過小評価する人間の心理的傾向を指します．そして，正常性バイアスは，人間が持つ楽観バイアス（optimistic bias）のひとつです．

楽観バイアスとは，簡単に言えば「悪いことは自分（の家族，集団など）には起きない」と考える認知の歪みで，年齢や集団によって差はあるものの，普遍的なバイアスとして知られています．常に命の危険と隣り合わせで生きてきた人類の祖先にとって，楽観的であることは生き延びるうえで必須の条件だったはずです．現代人でも，楽観性は日々の生活の主観的満足・健康度（well-being）と正相関しています．

楽観的であることは良いことなのですが，ことリスクに関しては，組織側も市民・消費者側もリスクの過小評価や無視につながる危険があります．リスク・マネジメントやリスク・コミュニケーションに積極的に取り組まない背景にも，組織側の楽観バイアスが存在します．

第4章 人間はリスクをどうとらえているか

●リスクを伝えると,パニックは……"起こらない"

もうひとつ,リスク・コミュニケーションの心理的側面には,"パニック"と呼ばれる現象がかかわってきます.

リスクについて知ると,人間はパニックを起こすのでしょうか? そもそも"パニック"とはなんでしょうか.リスク・マネジメントや自然災害の専門家の間でも,パニックの定義はあまり定まっていないようです[23].また,いわゆる"パニック状態"が人間の安全にとって必ずしも悪いものであるかどうかも,実は定かではありません.くりかえしになりますが,Peter Sandman が指摘しているように,「緊急事態の場合,恐怖は解決策の一部であり,問題ではない」場合が多いようです[15].

たとえば,2005年8月にトロント・ピアソン空港で起きたエアバス A340 のオーバーラン事故の場合,同機は炎上したにもかかわらず,乗員乗客 309 人は無事に脱出しました.乗客によれば「機内では皆が叫び,パニックだった」,にもかかわらず全員の脱出が2分以内に終わっています[23].ここでの"パニック"は,(客観的にどう見えたかとは別に)明らかに適切な行動を促すもの,肯定的な状況だったと言えます.

また,先に挙げた米国保健社会福祉省の冊子によると,9.11 テロの際にワールド・トレード・センターの中にいて,避難することができた人たちは,「ビル内でパニックは起きていなかった」,「皆,助け合っていた」と証言しています[15].有名なタイタニック号の沈没(1912年)の際もパニックは起こらず,女性や子どもは救命ボートに優先的に乗船して助かり,乗員と多くの男性は船とともに沈み,溺死しました.

とはいえ,いわゆる"パニック"がまったく起こらないわけではありません.たとえば,避難口がわからない,またはふさがれていて,

1か所の出入り口しかない小さな店で火事が起きた場合，死者が出入り口の所で折り重なって倒れており，明らかに他人を乗り越えて逃げようとした人たちがいるとわかることがあります．橋や狭い参道などで将棋倒しが起こったときにも，同様のことが起き，女性や子ども，高齢者が圧死するケースがみられます．米国保健社会福祉省の冊子の中でリスク・コミュニケーションの専門家は，パニックを「伝染的な強い恐怖により，そこにいる人が自分のことだけを考えている状態」と定義したうえで，条件を次のようにまとめています[15]．

・逃げられる可能性が小さいと考えたとき
・ケガをする，あるいは死ぬ（殺される）リスクが高いと考えたとき
・支援は，あっても限られているとき
・災害対策が，"早く逃げたもの勝ち"だとみなされているとき
・効果的な災害対策のリーダーシップ，システムがないとみなされているとき
・権威（国，行政，専門家等）に対する信頼が失われたとき

ここで重要なのは，上の条件のほとんどが主観的判断だということです．実際に災害対策のシステムがあるかないか，ではなく，"ないとみなされているかどうか"がポイントです．権威に対する信頼も主観です．とすると，平時からのリスク・コミュニケーションによって，対策やシステムが信頼を得，「有事のとき，被害者は公平に扱われる」，「私たちの命は守られる」，「支援は来る」という認知が市民・消費者の中に根づいていることも，パニックを起こさない要件だと言えるでしょう．

一方，クイーンズランド工科大学（オーストラリア）の行動経済学者 David Savage は，"時間"や"文化"もパニックが起こるか

どうかを決める要因ではないかと論じています．タイタニック号は沈没までに2時間半かかりましたが，同じ時期に沈没した客船ルシタニア（Lusitania）は18分で沈没，救命ボートに乗ろうとする乗客の間でパニックが起きました．"タイタニック号の場合，乗客には冷静に状況を判断して行動する時間があった"[24)] のです．

また，タイタニック号の船長 Edward J. Smith は，先に救命ボートへ乗り移ろうとした乗員に対し，メガフォンで "Be British, my men!"（「乗員諸君，英国紳士であれ！」）と呼びかけ，これがその後の冷静な行動を促すきっかけになったとも言われています（Encyclopedia Titanica に掲載された当時の新聞記事[25)]）．David Savage は「因果関係は明らかではないが，当時の英国文化が冷静な行動と女性や子どもの優先につながったとも考えられる」と指摘しています．

●問題は市民のパニックではなく，"エリート・パニック"

ではなぜ，「パニックが起きるから，情報を出さない」という態度が生まれるのでしょうか．ここに，東京電力福島第一原子力発電所事故の後にも話題になった"エリート・パニック"と呼ばれる現象があります．"エリート・パニック"とは，

① 政府や企業のリーダー自身がパニック状態になること
② 情報を出すことによって起こる市民のパニックを恐れること
③ 不適切な情報の出し方でパニックを誘発してしまうこと

の各現象を指します．そして，こうした現象は，米国スリー・マイル島の原発事故，ハリケーン・カトリーナ，炭疽菌テロのときなど多くのケースで報告されています[23)]．

大きな災害や事故が起きたとき，市民はとにかく自分や家族，コミュニティを守ろうとします．事故の理由や災害の規模がわからな

くても，"命を守る"という目的は明確で短期的ですから，その場にいあわせた人たちが力を合わせて，被害を最小限に食い止める努力をします．結果として先に述べたように，いわゆる"パニック"が起こるよりは，助け合いが起こる確率のほうが高くなります．

一方，政府や企業のリーダーは，災害や事故の情報が流れ込んでくるなか，市民・消費者を守ると同時に，自分たちの命を守り，同時に組織（の体面）も守らなければなりません．こうした複雑な行動をするためには，綿密で周到なリスク・マネジメントが必要になります．市民・消費者を守るための情報提供をしようとするだけでも，平時からしっかりした連絡・通報システムを作り，訓練を繰り返すことが不可欠です．

上に挙げた米国の例をみても，そうしたシステムがうまく働かず，政府や企業が機能不全に陥りました（たとえば米国議会が出した報告書[26]では，ハリケーン・カトリーナ対策の失敗を検討している）．機能不全からパニックに陥った政府や企業は，当然，市民もパニックを起こすものと考えるでしょう．同時に，機能不全に陥った組織のリーダーは，自らも"何が起こっているのか"を理解できず，正確な情報を市民に出すことができません．「パニックが起きるから，情報を出さない」という説明は，実のところ，「組織の連絡・通報システムが機能不全を起こしていて，必要な情報を出すことができない．でも，そうはっきり言うことはできないので，'市民がパニックを起こすから'としておこう」という，組織の自己防衛行動でもあるのです．

東日本大震災後に起きた東京電力福島第一原子力発電所事故のときに問題になったのは，まさに，政府関係者が②の"情報を出すことによって起こる市民のパニックを恐れる"状況に陥ったことでした．このときの政府の態度に国民は苛立ちを覚えました．防災シス

テム研究所所長の山村武彦氏も,「怖いのはパニックではなく,パニックを恐れる人たちが引き起こす情報隠しである」と述べています[27]．リスクに関する情報の出し惜しみにより,「いったいどうなっているんだろう？」と人々の不安をあおることが往々にして起きてしまうのです．

　先の項で示したとおり,リスクをきちんと伝えることこそがパニックを防ぐ最良の方法です．前掲の米国保健社会福祉省の冊子[15]では,パニック発生の可能性を下げる方法として,次の3点を挙げています．

- 市民が,明確で,簡潔で,矛盾なく,一貫した情報を受け取る．
- 市民が信頼し,信用する,名の通ったリーダーが,頻繁に情報を出す．
- 市民自身が意味のある役割を果たすことができ,それによって集団の間の交流が増え,結束が強まり,「自分たちで状況をコントロールしている」という感覚が生まれる．

　この3点をみると,"どんな情報を","どんな形で","誰が発信するか"が,パニックを予防するひとつの核であることがわかります．同時に,情報を与えないまま命令や指示を出すのではなく,情報をきちんと提供して,市民自らが状況をコントロールできる自信を持てる状況を作ることが重要です．

　わかりやすく,必要で十分な情報を手にすれば,市民・消費者はパニックを起こしません．それ以前に,日本は世界に名だたる成熟社会です．市民一人ひとりは「自分にはものごとを冷静に判断し,行動する能力がある」と信じています．行動経済学者 David Savage はタイタニック号でパニックが起きなかったひとつの理由を,当時の英国の紳士文化に帰していましたが,日本文化も同様に,冷静さを重んじる文化です．その冷静さは,東日本大震災のときに

も発揮され，世界の称賛を浴びました．その冷静さに対し，「真実を知ったらパニックが起こるから」と政府や企業のトップに言われたのでは，市民のプライドに傷がつき，政府や企業に対する信頼は大きく揺らぐでしょう．

第5章
リスクと共存し，信頼を獲得する
——事業者の視点から

ここまで，リスク・コミュニケーションとは何か，そして，効果的なリスク・コミュニケーションの原則とその背景にある人間の心理や行動について述べてきました．ここからは，リスク・コミュニケーションに取り組む事業者側がとるべき姿勢や見方について，日本文化の特徴も含め，ふれてみたいと思います．

●ゼロリスクとゼロリスク探求症候群

すでにくりかえし述べてきたように，私たちの生活にかかわるリスクをゼロにすることはできません．これは，事業者の側にとっては当然の事実でしょう．けれども，ステークホルダー，特に，地域住民や消費者は往々にして「リスクはゼロであってほしい」，「ゼロであるべきだ」と考えがちです．

そして，東京電力福島第一原子力発電所事故以来，"放射線汚染のゼロリスク"といった言葉を耳にする機会が増えました．この"ゼロリスク"とはもともと，「リスクの原因となるハザードへの曝露がゼロであること」を意味する食品安全用語です．

食品安全におけるハザードとは，人の健康に悪影響を及ぼす可能性のある食品中の物質，または食品の状態を指します．たとえば，有害微生物などの生物学的要因，汚染物質や残留農薬などの化学的要因，食品が置かれる温度などの物理的要因がこれに含まれます．食品が（そして人間が）ハザードにさらされることをゼロにする，ということが"ゼロリスク"なのですが，言うまでもなく，こ

れを実現することは不可能です．日々の生活の中で私たちは，野菜や果物，肉や魚にはなにかしら微生物が付着していてあたりまえだと考えています．だから，調理前に洗ったり，加熱したりして，さまざまな健康リスクを下げる努力をしているわけです．

また近年，分析装置の能力が高度になったため，これまでなら検出されなかった微量の化学物質や残留農薬，有毒物質がいたるところからみつかるようになりました．その結果，ハザードそのものへの曝露は決してゼロにならないことがわかってきたのです．

食品安全委員会*も，ゼロリスクに関しては，「近年，分析技術の向上などにより，食品安全にゼロリスクはあり得ないことが認識されたため，リスクの存在を前提にこれを科学的に評価し，低減を図るというリスク分析の考え方に基づく食品安全行政が国際的に進められています」と説明しています．

ところが，この"ゼロリスク"という言葉だけが独り歩きして，"ゼロリスク探求症候群"へと飛躍してしまった人々が世の中には存在しているようです．"ゼロリスク探求症候群"とは，神経内科専門医である池田正行氏の著書『食のリスクを問いなおす——BSE パニックの真実』[28]に登場する言葉です．同氏は「ゼロリスクを求めるあまり，リスクバランス感覚を失い，自分の行動が重大な社会問題を起こすことも理解できなくなる病的心理」をこう名づけました．すでに述べた"リスクに対する不安"が極端になったケースかもしれません．こういった人たちが大きな声でゼロリスクを叫んだ場合，事業者にとっては頭の痛い問題となります．

---

* 食品安全基本法に基づいて 2003（平成 15）年，内閣府に設置．国民の健康の保護が最も重要であるという基本的認識のもと，規制や指導等のリスク管理を行う関係行政機関から独立して，科学的知見に基づき客観的かつ中立公正にリスク評価を行う機関．http://www.fsc.go.jp/

症状の定義も明確ではありませんので，"ゼロリスク探求症候群"の人が日本社会に，あるいは世界中にどのくらいいるのかわかりません．けれども，行動経済学（人間の経済・金融行動を科学的に分析する経済学分野で，社会心理学や認知心理学との共通項が多い）の研究から，人間はリスクをゼロにしたい欲求とそれゆえの認知バイアス（見方の歪み），いわゆる"ゼロ・リスク・バイアス"（zero risk bias）を持っていることがわかっています[29]．

　ゼロ・リスク・バイアスの研究によれば，人は「リスクがどれくらい減少するか」だけで物事を判断しているわけではないようです．たとえば，「損失のリスクが5％であったものを確実に0％（リスク＝ゼロの状態）にできる」と言われた場合と，「リスクを50％から20％に下げられる」と言われた場合，人はどちらを選ぶ傾向があるでしょうか．答えは5％から0％なのです．もともと5％しかないリスクであっても，確実にゼロになるのであればそのほうがいいと答える人のほうが多いのだそうです．とすると，"ゼロリスク探求症候群"と呼ばれるものも，人間にとっては，ぬぐいさりがたい認知バイアスなのかもしれません．

●リスク・コミュニケーションの欠如がゼロリスク探求症候群を生んだ？

　ゼロリスク指向が日本人に特別，強い傾向なのかどうかは，比較文化研究もないので，わかりません．けれども，日本人の持つゼロリスク指向について言えば，多くの事業者が長年，リスク・コミュニケーションに不熱心だったこともひとつの原因ではないかと筆者（宇於崎と掛札）は2人とも考えています．

　リスクは，事業者が自ら明かさないかぎり，周辺の住民や消費者はほとんど気づきません．目に見えるできごと（例：病気やケ

ガ，環境の変化など）がいくつか続いて起きた場合ですら，それが特定の原因によるとはなかなか考えないものです．前章で説明したように，人間は基本的には楽観的な生き物ですから，特に自分や家族，身内に深刻な影響が及ばない場合には，リスクの存在を軽くみる，あるいは存在しないようにすら感じてしまいます．よって，事業者が積極的なリスク・コミュニケーションをしないでいると，周辺のステークホルダーは，「自分はリスクと出会わない．この世にリスクは存在しない」といつのまにか思い込んでいくことになります．

　たとえば，筆者（掛札）がかかわっている例で言うと，保育園や幼稚園，または家庭でも，このような現象がひんぱんに起きています．同じ場所ですり傷や切り傷が何度も起きていて，万が一の場合には頭を打つような大ケガも起こりかねないのに，「すり傷，切り傷ばかりだから大丈夫」と思ってしまうのです．

　「自分の子どもが大ケガなんてするわけがない」，「自分の園で大きな事故が起こるわけがない」……，このような楽観バイアスは保育園や幼稚園に限らず，どんな事業者にも，その周辺のステークホルダーにも起こり得るものです．そんななかで，ひとたび大きな事故が起きたり，リスクの一端が明るみに出てしまったりすると，「こんなはずじゃなかった」，「なんで，そんなリスクが存在するんだ」とステークホルダーは驚きます．そして，事業者に対し，「リスクはあってはならないのに（ゼロのはずなのに），どうしていまさらこんな不吉なものが出てくるのだ」と怒りをぶつけることになるのではないでしょうか．

　また，東京電力福島第一原子力発電所事故後の対応などを経験したり，見聞きしたりすると，事業者に対する信頼を失い，疑い深くなる人も増えるでしょう．事業者が正直に話していたとしても，「事業者はまだ何か隠している．きっと，もっと大きなリスクを隠して

いるに違いない」と,ステークホルダーはなんでも疑う傾向が強くなります.実際,先に紹介した研究でも,事業者や業界に対する信頼が低い人たちは,事業者が良い情報を出しても,悪い情報を出しても信用しないという結果が得られています[12].まさに疑心暗鬼の状態です.

こうなったら,事業者とステークホルダーの信頼関係を再構築するのは非常に難しいことです.そうなる前に,事業者は自発的にリスク・コミュニケーションを行うほうがよいのです.

●身内意識が招いた"企業城下町"の油断

日本には,いわゆる"企業城下町"がいくつもあります.もともと人口の少なかった所に企業が工場を作り,そこに人が集まり,いつしか町になったような場所です.その企業に勤めることはステイタス・シンボルであり,少々の問題であれば大きく取り上げられることもなく,企業に忠誠心を持つ住民が多いでしょう.

そんな"企業城下町"が多かった時代,企業がわざわざリスク・コミュニケーションを行う必要はあまりありませんでした.町に住むほとんどの人がその企業や子会社,下請け企業の従業員で,事業や工場にあるリスクについて日ごろから多かれ少なかれ知識を得ていました.なんといっても,住民の多くが企業と"運命共同体"ですから,自分たちの生活の安定のためにも,まずは企業の事業を優先せざるを得なかったのです.

ところが,第二次産業を中心としてきた日本の産業構造は変わりました.かつての企業城下町に,他の産業や企業が入り,城下町を作ってきた企業とは直接関係のない人々もたくさん暮らすようになりました.そうなると,以前はなかったようなクレームが,ひんぱんに工場に寄せられるようになりました.

たとえば，工場の煙突から煙がたなびいているのを見て，「おたくの会社は殺虫剤を作っている．あの煙にも殺虫剤成分が含まれているんだろう．こわいから煙が出ないようにしてくれ」というような要求などがそうです．こんなとき，「確かに我が社では殺虫剤を販売しているが，それは別の地域で安全に管理しながら生産している．そもそも，この工場では殺虫剤を作っていないし，煙には有害物質は含まれていない」と会社側が説明してもなかなか信じてもらえないことがあります．かつては，その工場で何を作っているかを町の皆が知っていたのに，今ではその工場や企業とはまったく関係のない住民が増えたために，工場側の通り一遍の説明では信じてもらえなくなったのです．このような状況下では，かつてのような"身内意識"のまま，"なあなあ"で済ませるわけにはいきません．

本書を執筆中の 2012 年夏，日本各地の原発は同じ問題に直面しています．東京電力福島第一原子力発電所の事故によって，原発事故がひとたび起これば，その近隣だけでなく，隣接する他府県にまで影響が及ぶことが明らかになりました．そのため，原発に関するリスク・コミュニケーションの範囲は，とてつもなく広くなってしまいました．地元住民を従業員として雇用する，地元自治体を資金的に援助するといった従来の方法ではもはやカバーしきれません．事業者が自分たちの存在意義を認めさせる方法として，ステークホルダーを身内に取り込み，さらには主従関係（事業者は，雇用主であったりスポンサーであったりするため"主"，ステークホルダーは従業員であったり援助を受ける側であったりするため"従"）を結ぶような昔の手法が使えなくなってきたのです．今は，ステークホルダーを"対等の立場"のパートナーとしてとらえ，リスクに関する情報を共有し，一緒に考えることが求められています．

●業界の中でリスク・コミュニケーションの先駆者になる

言うまでもありませんが，リスク・コミュニケーションを効果的に行うには，リスクマネジメントに正面から取り組んでいなければなりません．日本の企業の多くがリスク・コミュニケーションに躊躇する背景には，リスクアセスメントやリスクマネジメントに体系だって取り組んでいないという理由もあるようです．

組織が「われわれの活動には，○○のようなリスクがあります」と言う以上，その次に「リスクが顕在化し，クライシスになって実害が生じないよう，このような対策をとっています」と具体的に言う必要があります．リスクアセスメントやリスクマネジメントに組織的・体系的に取り組んでいてこそ，自信をもってリスク・コミュニケーションに取り組める，という事情は理解できます．慎重な日本の組織は，「自分たちのリスクアセスメントやリスクマネジメントは大丈夫だろうか？」と心配になって，ついつい口も腰も重くなるのでしょう．

また，あるリスクが業界全体，社会全体にまん延しているような場合にも，躊躇が生じるようです．ひとつの企業や団体がリスクについて啓発活動や周知徹底を図ろうとした場合，そのリスクがその企業や団体だけのものであるかのように世間から誤解されてしまうのでは，と心配してしまうのでしょう．「本当は業界全体のリスクなのに，自分の会社だけが危ない，と見られはしまいか」，つまり，"正直者が馬鹿をみる"ようなことになりはしないかという懸念です．

筆者（宇於崎）は最近，次のような経験をしました．ある企業で，ユーザーの不注意による事故が起きました．幸い，すばやい事故対応とクライシス・コミュニケーションにより事態は早期に収束しました．一部のマスコミでこの事故について報道されましたが，報道内容は事実関係のみで，その後，その企業が批判されるようなこと

はありませんでした．事態終結後，筆者は当該企業に対し，再発防止のために一般ユーザー向けのリスク・コミュニケーションを行ってはどうかと提案しました．しかし，社長から返ってきたのは，「それは業界団体が行うこと．このリスクは，うちだけのものではなく，この業界のすべての企業に共通していることなのだから，うちの費用でわざわざリスクを世間に知らせなくてもいい」という言葉でした．これは多くの事業者の本音なのでしょう．「ほかもみんな同じリスクを抱えているのに，なんでうちだけが？」という思いを抱くのも無理はないことです．

　一方で，自ら率先してリスクマネジメントに取り組む企業も存在します．株式会社ベネッセコーポレーション（本社・岡山市）はその好例です．同社は，子育てや教育を中心に成長を遂げてきた企業ですが，事業の中には子育て家庭にさまざまな教材や生活用品（自社開発または仕入れ）を通信販売する部門もあります．同社は，2010年度製品安全対策優良企業表彰「大企業 小売販売事業者部門」において，「商務流通審議官賞」を受賞しました（経済産業省）．受賞の理由は，「取引先に対する自社基準の遵守の徹底」および「製品販売での各プロセスにおける安全性の審査・点検・確認の徹底」でした．これまで同社が進めてきたリスクマネジメントに対する努力が評価されたのです．

　そして今，ベネッセは，保護者に向けたリスク・コミュニケーションにも関心を持ち，研究開発に取り組んでいます．経済産業省「キッズデザイン製品開発支援事業」（産業技術総合研究所デジタルヒューマン工学研究センターが受託）で平成22年度，23年度，ベネッセは，人間工学や心理学に基づいた効果的に伝わる安全表示，危険表示を検討しています[30]．筆者（掛札）はこの取り組みに，同研究センター傷害予防工学研究チームの一員として協力してきました．

ベネッセは，自社で開発・製作している商品だけでなく，仕入れ販売している商品も，同様にリスクマネジメントの対象とし，安全の確認をしています．しかし，残存リスクゼロの商品は存在しないという観点から，安全表示や危険表示の形で顧客にリスク情報を伝えています．ただ，そうした表示は，保護者に効果的に伝わらなければリスクは防げません．そこで，保護者はどのようにしてリスクを理解しているのか，または理解していないのか，どのように情報を伝えれば保護者は必要な安全行動をとるのかなどを理解し，現場で活かしていくことがキッズデザイン製品開発支援事業で進められている検討の目的となっています．

　ベネッセは，この研究事業で得られた知見を自社だけで用いるつもりはないようです．研究成果は経済産業省のウェブサイトでも公開されていますし，最終的に得られた知見は，他の通販企業，小売企業も使えるよう公開していくそうです．

　リスクアセスメントやリスクマネジメントに積極的に取り組む組織は，わが国でも少しずつ増えています．そういった組織が，自信を持ってリスク・コミュニケーションを行うことは，市民・消費者との強い信頼関係を築くチャンスとなるでしょう．リスクを正直に世間に知らせ，対応策を提案し，啓発活動に励む組織は，「責任感がある」，「リーダーシップがある」と高い評価を受けます．リスク・コミュニケーションを行うことで，プラス効果が期待できるのです．それならば，ぜひともリスク・コミュニケーションに取り組もうではありませんか．

●リスク・コミュニケーションのプロを育てよう

　かつて日本の社会では，リスク・コミュニケーションに限らず，事業者が行う広報や広告のような対外的なコミュニケーション活動

の多くは，身内意識の延長線上で行われていました．"会社がおつきあいで地元紙に広告を出す"，"いい記事を書いてもらいたいから，経営者や広報担当者が記者と飲みにいく"といったことは，ごく普通に行われていたものです．それによって，売上増加や知名度向上といった目に見える効果が上がらなくても，会社の経営者も担当者も，あるいは株主も「こんなものでしょう」と，特に文句もつけずにいたものです．

しかし，今はそうではありません．特に，2008年に起きたいわゆる"リーマン・ショック"以降，資金難の事業者が増え，資金の使い方には細部にわたって説明が必要になってきました．広告費も交際費も制限され，広報や広告等の経費も費用対効果を厳しく問われるようになってきました．これまでのような，片手間にやっている程度で効果も期待できないようなコミュニケーション活動ならば，もうしなくてもいいという風潮になってきました．代わって，今，必要とされているのは，もっと戦略的で効果のあるコミュニケーション活動です．コンプライアンスが重視される世の中ですから，そのコミュニケーション活動が法律や社会倫理に適合していることも重要な条件です．

コミュニケーションを戦略的，かつ効果的に，さらに法律にも社会倫理にも合致した方法で行うには，まず，事業者に明確な理念が必要です．その理念に基づき，ステークホルダーに伝えるべきメッセージを策定します．そして，明確な戦略のもとでメッセージを的確に伝えていかねばなりません．

これは誰にでもできる，簡単な作業ではありません．組織のトップ自らと，専門のスキルを持った専任担当者が取り組む必要があります．

特にリスク・コミュニケーションにおいては，地域住民や消費者，

あるいはマスコミ関係者との意見対立もありえますから，事業者側の担当者には相当な覚悟とコミュニケーション・スキルが必要となってきます．今現在，そのような人材がいる組織は少ないでしょう．なぜなら，今までほとんどの組織で，リスク・コミュニケーションは片手間にしか行われていなかったからです．新しく組織の外から採用しようとしても，専門的な知識やスキルを備えた人材が日本には少ないという事情もあります．社会心理学やコミュニケーション学の教育を受けた人たちが多数おり，組織の中で専門家として働いている欧米と違い，日本の場合はリスク・コミュニケーションを研究・実践する専門家を育成する教育分野が弱いからです．

だからといって，ただ現実を嘆いていても始まりません．今からリスク・コミュニケーションのプロを，各組織が育てていけばいいのです．リスク・コミュニケーションのプロの育て方や，実際のリスク・コミュニケーションの方法については，各組織がそれぞれの実情に合わせ，工夫すべきものです．

以下に，どんな組織でも応用可能なヒントと，2つのリスク・コミュニケーションの実例を紹介します．

●実例1　化学工業業界の取り組み－レスポンシブル・ケア

筆者（宇於崎）の観察では，日本においてリスク・コミュニケーションに熱心な業界は化学工業業界です．理由のひとつに，高度成長期の公害問題への反省があるようです．また「化学物質＝毒」というような警戒感を持つ消費者が少なからず存在しているという事情もあるでしょう．そして，化学工業製品は，広く深く人々の生活に入り込んでいるので，化学工業製品にまつわるリスクは誰にとっても大きな関心事であるという現実があります．それゆえ，化学工業製品メーカーは各社それぞれ，そして業界全体でリスク・コミュ

ニケーションに熱心に取り組んできました.

また,リスク・コミュニケーションの重要性が認識される以前から,さらに一歩踏み込んだ"レスポンシブル・ケア"という概念に基づく活動が化学工業メーカーに広まって,このレスポンシブル・ケア活動に取り組んでいます.これは化学物質を製造,または取り扱う事業者が,化学物質の開発から製造,流通,使用,最終消費を経て廃棄・リサイクルにいたる製品の全ライフサイクルにわたって環境・安全面の対策を実行し,改善を図っていく自主管理活動です.つまり,メーカーが製品のたどるあらゆる過程において責任を持ち(レスポンシブル),配慮(ケア)をしていきましょうということです.

筆者の知るところでは,レスポンシブル・ケア専門の部署を持つ企業が化学工業業界にはいくつもあります.しかし,化学工業以外の業界では,レスポンシブル・ケア自体,まだなじみの薄い言葉です.そこで,レスポンシブル・ケアについてここで詳しく説明します.

まず,化学工業関連企業と団体からなる一般社団法人日本化学工業協会［略称：日化協,Japan Chemical Industry Association (JCIA)］の資料から,日化協の許可を得て,レスポンシブル・ケアについて紹介します[*1].

> レスポンシブル・ケアとは,「製品のすべてのライフサイクルにおいて,健康・安全・環境に配慮することを経営方針のもとで公約し,自主的に環境安全対策の実行,改善をはかっていく」活動です.レスポンシブル・ケア活動は,他の産業にはみられないユニークな取り組みとして,国際的にも大きな注目を集め「アジェンダ21」[*2]でも奨励されています.その社会的な

[*1] 出典:日本化学工業協会のホームページ. http://www.nikkakyo.org/

第5章　リスクと共存し，信頼を獲得する

背景には，
- (1) 市場に提供される化学物質や製品の量・用途の拡大
- (2) 環境安全に関し，社会の人々の関心の多様化
- (3) 生産・取り扱い者・利用者の範囲拡大

など内外情勢の多様な変化があげられます．そして，事業者が環境・安全・健康を維持するために，社会に対して責任を果たすには，法・条例の遵守だけでなく，事業者自身による自主的な管理を行わないと不十分であるとの認識にいたりました．そこで，従来どおりの法による対応と，産業界（事業者）による自主管理という，規制と自主管理のベストミックスが行われるようになりました．

開発 ▷ 製造 ▷ 物流 ▷ 使用 ▷ 最終消費 ▷ 廃棄リサイクル

日化協によると，レスポンシブル・ケアは 1985 年にカナダで始まり，今では世界的な活動になっているそうです．

このレスポンシブル・ケア活動には次ページのような基本的な 6 つの柱があります．

[*2] 1992 年にブラジルのリオデジャネイロで開かれた地球サミット（環境と開発に関する国連会議）で採択された文書のひとつです．アジェンダとは「課題」を意味し，「アジェンダ 21」というと，「21 世紀への課題」という意味になります．21 世紀に向けた，持続可能な開発のための人類の行動計画として，その後の世界の環境政策や取り組みの道標とされています．

───── レスポンシブル・ケア活動の基本（**6本柱**）[*3] ─────
・環境保全
・保安防災
・労働安全衛生
・化学品・製品安全
・物流安全
・コミュニケーション（成果の公表・社会との対話）

ここにあるように、コミュニケーションがレスポンシブル・ケアの基本にはしっかり含まれています。当然、リスク・コミュニケーションも行われています。

〈他業界でも応用可能なレスポンシブル・ケア活動の具体例〉

日本化学工業協会内に設立された日本レスポンシブル・ケア協議会（JRCC: Japan Responsible Care Council：現在は組織統合により日化協レスポンシブル・ケア委員会）は、環境問題を"人類や地域にとって共通の課題"ととらえています。だからこそ、お互いに理解し信頼関係を築いたうえで、課題を一緒に考え、一緒に解決していくことが必要だと訴えています。そのうえで、具体的な活動のポイントとして情報開示とリスク・コミュニケーションを挙げています。

ここで、日化協が取り組んでいる、具体的な活動[*3]を以下に記します。他業界でも応用可能なリスク・コミュニケーションのヒントがきっと見つかるでしょう。

[*3] 日本化学工業協会のホームページから抜粋.

■情報の提供

日化協会員の多くは，各企業の環境対策などをまとめた『レスポンシブル・ケア報告書』を発刊したり，ホームページを充実させたり，積極的な情報公開を進めています．工場では地域との交流やボランティア活動も定着してきています．特に日化協では，会員各社のこうした環境・安全活動の実績をデータで示すとともに，社会との対話，世界との連携などをまとめた報告書を毎年発行．他の産業の関係者，地域や社会にも，その活動を紹介しています．

■地域対話の開催

日本国内にある石油化学コンビナート地区等で，地域の行政や住民を交えて"地域対話"を行っています．従来は，事業所の活動の説明会でしたが，2001年度からは，意見交流をさらに深めていくため対話型へと発展．呼称も「地域対話」と改められました．

■消費者との対話集会を開催

全国消費者団体連絡会の協力のもと，"リサイクル"，"化学製品の安全とリスク・コミュニケーション"などさまざまなテーマについて，消費者との定期的な対話集会を開催．企業側と消費者とが，環境問題に対して真に同じ目線でものを見て，考え，行動していくための努力を続けています．また，学生を地域対話に招待して交流を深めています．

■地域との交流

会員の事業所では，自治会・小学生の工場見学や地域住民を交えての消火訓練，少年少女化学教室をはじめ，さまざまなイベント参加，ボランティア活動を通じて広く地域住民とコミュニケーション

を図り，地域社会との信頼関係の向上に努めています．

■ "夢・化学——21"全国キャンペーン事業

「若者に化学や化学産業をもっと身近に感じてもらいたい！」との願いを込めて，関係団体や監督官庁と協力し，「夢・化学——21」委員会を構成し，事務局としてキャンペーンを実施．高校化学グランプリ，大学・高専化学実験体験，夏休み子ども化学実験ショー等のイベントを中心に，ホームページ上での情報提供も交え，幅広い活動を展開しています．

これらの活動は，テーマや地域を変えれば，どの産業分野でも応用可能です．読者それぞれの組織で，リスク・コミュニケーションやさらに一歩進んだレスポンシブル・ケアのコンセプトを作るときの参考にしてください．

● 実例2　大企業と市民団体が協力して資源保護に取り組む

環境保護の市民団体と言えば，大企業の活動にとにかく反対するもの，と思っている方が少なくないのではないでしょうか．しかし，世界の流れは異なる方向に向かっています．対立ではなく"対話と協働"が，20世紀末からの流れです．なぜなら，資源保護の視点からみると，対立はどの立場にとっても生産的ではないことが明らかになってきたからです．

その流れの大きさを示すニュースを先日，筆者（掛札）は，米国の経済・金融ラジオ番組 Marketplace で耳にしました．"Former foes go green together"（"過去の宿敵たちが環境保護・自然保全のために協力"）という話題です[*4]．

冒頭，カリフォルニア北部の Garcia 川流域で，生息数が減ってしまったギンザケを守るために，地元の自然保護団体と伐採業者が

協力している話が紹介されました．数十年前には，自然保護団体のメンバーが木にからだを縛りつけて伐採を阻止しようとしていた地域ですが，結局，大規模な森林伐採が進み，ギンザケは急速に減少していったのです．

現在，かつての宿敵同士であった自然保護団体と伐採業者は協力しあい，ギンザケや木材だけでなく，この流域の重要な観光資源であり雇用源でもある森林全体を保護しながら，持続可能な開発を目指しています．たとえば，ギンザケの幼魚が鳥などの捕食動物から身を守ることができるよう，伐採業者は川に伐採木を渡し（自然界では，倒木が同じ働きをします），影を作る作業などを手伝っているそうです．伐採業者は，森を広範囲に切り開く従来の伐採方法は資源保護だけでなく，観光の面からもマイナスであることを理解してきました．持続可能な林業経営は，それ自体がこの地域の観光資源となっているようです．

このような変化は，自然保護団体と伐採業者が数十年にわたり，コミュニケーションを続けてきたことによってもたらされました．当初は対立でしかなかったコミュニケーションも，両者が共通のゴール（持続可能な開発と自然・資源保護）を見いだし，それに向かって共に考える場を持つことで，対話と協働へと変化してきました．

このニュースの後半では，大企業と自然保護団体による協働活動の例が紹介されていました．4月，Fortune 500（全米上位500社の集まり）は，自然保護団体などのステークホルダーと共に各種のボトルや包装のリサイクルについて話し合いを持ちました．ここに参加したネッスルの"飲料用ボトルの持続的利用"部ディレクター，

[*4] "Former foes go green together"（Marketplace, American Public Media, 2012/6/19） http://www.marketplace.org/topics/sustainability/former-foes-go-green-together

Michael Washburn 氏は 15 年以上，環境保護の分野で働き，反・企業の活動や対企業訴訟も行ってきた経歴の持ち主です．その人物が，かつては敵対していた企業の中で資源保護に取り組むということは，産業と市民団体の関係が長年のコミュニケーションの中で変化してきたことを象徴していると言えるでしょう．Washburn 氏のような，産業と市民双方の意識を理解している存在は，両者が共通のゴールに向かううえで今後，より重要になっていくはずです．

もうひとつの例では，世界的な市民団体オックスファム（Oxfam）が始めた気候変動対策活動に，スターバックスなどの大企業が参加表明したことが挙げられていました［日本語では一般に"地球温暖化"と言われますが，温暖化現象だけではないため，"気候変動（climate change）"が世界では一般的］．オックスファムとスターバックスは 2007 年，エチオピアのコーヒー豆をめぐる闘いを繰り広げた仲でもあります．オックスファム側は，「企業を叩くのは簡単．企業と話し合い，協力するのは時間もエネルギーもかかる」と言います．けれども，企業と市民団体が話し合い，協力したほうが，ゴールにより早く到達できると，どちらの側も考え始めたようです．

このニュースで取り上げられた Fortune 500 の会議とその内容については，同グループのニュースレターにも詳しく書かれています[*5]．このニュースレターのタイトルは "Corporations and Stakeholders — The Bridge between NGOs and corporations（企業とステークホルダー：市民団体と企業の間の橋渡し）" です．そして，包装材のリサイクルを中心に，企業（例：マクドナルド，スターバックス，コカコーラ）がステークホルダーと協力して活動を

[*5] "Corporations and Stakeholders – The Bridge between NGOs and corporations"［Fortune 500 Newsletter 34（April, 2012）］http://www.future500.org/newsletter/34/

進めてきた例が解説されています.

こういった事例から,自然環境保護や資源保護,気候変動といった地球規模の"リスク"に関しても,企業とステークホルダーがあきらめることなくコミュニケーションを進め,ゴールに向かっている姿を見ることができます.

> **市民団体を味方につけるリスク・コミュニケーション**
>
> 「実例2 大企業と市民団体が協力して資源保護に取り組む」で示したように,市民団体は企業のパートナーとなりうるステークホルダーです.関心が高く,知識があるだけでなく,市民側のネットワークも持っている集団ですから,敵にまわすよりは,リスク・マネジメントを共に行う仲間にしたほうがよいのは当然です.実例2で挙げたとおり,協働することで双方の活動が豊かになることもあります.事業者が思いもよらなかったリスク軽減の方法を,市民団体が持っている可能性すらあります.
>
> 市民団体の側も,最初から「事業者は敵だ」という姿勢をとらないこと,協力を模索する姿勢を示すことがリスク・コミュニケーション上は重要なのですが,事業者についても同じことが言えます.「市民団体は,とにかく事業に反対したいだけだ」,「敵だ」と考えながら向き合えば,そのような態度しかとれません.そうではなく,「皆さんの話を聞きます」,「私たちが気づいていないことを教えていただきたい」,「リスクを減らすために,一緒に働いていきましょう」という態度で,実際に言葉にも出しながら,コミュニケーションを始めましょう.
>
> コミュニケーションがこじれてしまってから,「こんな議論をしていても埒があかないから,一緒に取り組みましょう」と言っても手遅れです.最初の対面から,意識的に"共感をもって","パートナーとして受け入れる"態度をとってください.コミュニケーション心理学の知見が示しているように,人間の出会いにおいては"第一印象"が最も大事なのですから.
>
> (掛札逸美)

第6章

リスク・コミュニケーションに終わりはない

　最後に, 事業者にとってリスク・コミュニケーションはどういう意味があるのかについて, コミュニケーション戦略のコンサルタントとしての宇於崎の意見を記します.

●再び, リスク・コミュニケーションの意味について考える

　リスク・コミュニケーションとはなんなのか, もう一度振り返ってみましょう. リスク・コミュニケーションについては, 各組織で以下のように定義されています.

- "事業者が地域の行政や住民と情報を共有し, リスクに関するコミュニケーションを行うこと"（経済産業省）
- "リスク分析の全過程において, リスク評価者, リスク管理者, 消費者, 事業者, 研究者, その他の関係者の間で, 情報および意見を相互に交換すること"（厚生労働省）
- "リスクを評価する側, リスクを管理する側, その他の利害関係者がリスクについて, 情報や意見を交換する過程"［世界保健機関（WHO）］
- "原子力の利用によって国民が被るリスクに関する情報を, 国民, 事業者, 研究機関, 行政等の全ての関係者が共有しつつ, 相互に意思疎通を図ること"（原子力安全委員会）

　表現はいろいろですが, 共通点は, 説明会の頻度や資料の作り方などの手法ではなく, コミュニケーションの"プロセス"そのもの

を指しているということです．

　一般的に，コミュニケーションのプロセスでは，意気投合して会話がはずむ楽しい瞬間もあるでしょうが，紆余曲折を経て，険悪な雰囲気になったり，一触即発の危機に陥ったりと困難な局面に出会うことも当然あります．互いの主張がかみあわず，いつまでも議論が続くこともあるでしょう．リスク・コミュニケーションでは，そのような状態があってもいいのです．そもそも，リスク・コミュニケーションの目的は合意や説得ではないのですから．

　わかりやすくいうと，リスク・コミュニケーションは続けることに意味があります．いつまでも話し合いを続けていていいのです．いや，続けるべきで，終わりはないと言っていいでしょう．

　リスク・コミュニケーションを行うにあたって，注意しなくてはならないのは，"いついつまでに終結させること"というような短期目標を掲げることです．この点は，事故直後に行うクライシス・コミュニケーション（危機管理広報）と違う点です．クライシス・コミュニケーションでは，早期に報道や世間の騒ぎが収まることを目指します．そのため，対応のしかたもスピードを何よりも重視します．その性質から，筆者（宇於崎）はクライシス・コミュニケーションをよく救命救急医療にたとえます．

　一方，リスク・コミュニケーションは，クライシス・コミュニケーションとは違い，予防医療や健康管理のようなものです．日常的な努力を継続することで効果が得られます．また，一定の効果が出れば，それを維持しなくてはなりません．効果が得られたからといって，予防医療や健康管理を止めてしまうと元の木阿弥，また不健康な状態に戻ってしまいます．リスク・コミュニケーションも，ステークホルダーと説明会で意見交換して，いい感触を得たからもういいとやめてしまっては，せっかく築きかけた信頼関係はまたたく間にゼ

第6章 リスク・コミュニケーションに終わりはない

ロに戻ってしまいます.

困ったことに,何事にも効率を求める企業は,まるで生産管理でも行うように期限を決めてリスク・コミュニケーションに取り組みがちです.それは逆効果です.短期決戦のつもりで,リスク・コミュニケーションを始めてしまうと,つい焦ってしまいます.なにぶん相手があることですから,企業の計画どおりにことが進むとは限りません.最悪の場合,企業は地域住民などステークホルダーに対し,お金をばらまいたり,何かしら圧力を加えたりして,力づくで相手を黙らせようとするかもしれません.こうなると,信頼関係など築けるはずがありません.お金を受け取ったり,圧力を加えられたりしたステークホルダーは一時的に静かになるかもしれませんが,心にわだかまりを持ち続けます.リスクが顕在化しクライシスとなり,事故などが起きてしまったとき,それまで押さえつけられていたステークホルダーのわだかまりが爆発する恐れがあります.企業に対し,不満と不信を激しくぶつけてくる危険性があります.そのようなことになれば,それまでに企業が投資した資金も時間もすべてが無駄になってしまうことでしょう.

リスク・コミュニケーションが目指すべきは,"信頼関係の構築"です.それは一朝一夕には実現しません.ステークホルダーとの間で,たとえ意見対立があったとしても,あきらめずに地道にコミュニケーションし続けること.それは気の遠くなるような作業でしょう.しかし,それが事業者にとっては一番の得策です.一見遠回りであったとしても,時間と手間をかけて築いた信頼関係は,たとえ事故が起こってもすぐには壊れません.普段からがまん強くリスク・コミュニケーションを行っていれば,万一事故を起こしてしまったとしても,地域住民や消費者が冷静に事業者の話を聞いてくれる可能性は高いのです.なぜなら,「あそこなら,きっと逃げ隠

れせずに事故原因や影響について話してくれるだろう．今までもリスクについて隠さず，正直に教えてくれていたから」と考えてくれるからです．そして，事業者が事故後，またその地域で事業を再開しようとするとき，住民が話を聞いてくれる可能性が出てきます．

●「あなたの言っていることはわかる．でも，私は納得できない」でいい

一般的にリスクについては，専門家である事業者は過小評価し，消費者などステークホルダーは過大評価する傾向があると筆者（宇於崎）は思っています．企業からの依頼でリスク・コミュニケーションを行う際，企業の担当者から「こんなことぐらいで，どうして世間はあんなに騒ぐのかなぁ？」というセリフを何度も聞いたことがあります．一方，自分自身の日常生活においては，身内や友人・知人から「この商品のことはよくわからないから心配．だからなるべく買わない」というような話をひんぱんに聞かされます．専門家とそうではない人とでは，同じリスクを話題にしても感じ方がずいぶん違うようです．

世界中の食品の安全情報を収集・発信している国立医薬品食品衛生研究所安全情報部第三室長の畝山智香子氏は著書『"安全な食べもの"ってなんだろう？』[31],p.2 で，次のように述べています．

> 「医学や毒性学のような学問を学ぶと，初心者のうちは世の中にはこんなにたくさんの病気や有害物質があるのだということを知って怖くなります．でもさらに多くのことを知ると，相場感が身に付いてきてある程度冷静に判断できるようになります．」

なるほど，やはり持っている情報量の違いで感じ方は変わってくるのですね．事業者など専門家は，当然，膨大な情報と経験を持っ

第6章 リスク・コミュニケーションに終わりはない

ています。ある特定リスクも，数あるリスクのひとつでしかないととらえます。一方，ほとんど何も知らない，あるいは偏った情報しか持たないステークホルダーは，ちょっとしたことであっても，とてつもなく大きな脅威のように感じて怖がります。

事業者としては，ステークホルダーにはリスクについて"冷静に判断"してもらいたいわけです。ステークホルダーに冷静に判断してもらうためには，まずは情報，特に科学的根拠を提供し，ステークホルダーに意識のうえでリスク情報に向き合う素地を作ってもらうことが必要でしょう。次に，事業者が提供した情報を頭で理解してもらいたい。そのためには，相手と共通の言葉を使うということが，コミュニケーション・テクニックとして必要です。専門用語や外国語を多用してはいけません。数字だけを示していてもいけません。その数字が意味することを，専門用語ではなく日常の平易な言葉で話さなくてはなりません。

しかし，同じだけの科学的なデータを持っていて，同程度理解していると思われる専門家同士でも，意見が対立することもよく見られます。ある種の病気の予防接種について，同じ医学者同士で推進派と反対派がいるような場合です。科学的データの量やその理解度において，同じだとしても意見が対立するのはなぜでしょうか。それは"価値観"が違うからです。前出の畝山氏は同書で「価値観の違いが意見の違いの原因であるならば，意見をすりあわせるのに必要なのは科学的根拠ではないでしょう」[31], p.123 と述べています。

筆者（宇於崎）は，リスク・コミュニケーションを行おうという事業者は，価値観の違う相手に出会ったときの"落としどころ"をあらかじめ考えておく必要があると思います。価値観の違う相手が現れたとき，「話すことは無駄だから」と早々にあきらめてしまいがちです。もう顔を見るのもいやになり，相手を無視したくなるか

もしれません．逆に，相手がいつか考え方を変えてくれるだろうと淡い期待を抱きつつ，コミュニケーションを続けるということもあるでしょう．結局，相手が自分の思いどおりにならなかったとき，期待が裏切られて非常にがっかりするということになるでしょう．

さて，筆者（宇於崎）のお勧めは，「相手の考え方は変わらないかもしれないけれども，コミュニケーションは続ける」というものです．相手の考え方や立場が変わらなくてもいいのです．それでもコミュニケーションは続けるのです．

何度もくりかえしますが，リスク・コミュニケーションの目的は，相手の説得や合意ではありません．信頼関係の構築です．よって，相手がいやな（自分たちと価値観の違う）人だからといって逃げ出してはいけないのです．すぐに逃げ出すようでは，相手は信頼してくれません．互いに共感しえない部分があったとしても，コミュニケーションを続けることには意味があります．価値観が違うことを認めつつ，誠実に相手に向き合うことこそ信頼を得る方法です．また，いやな人であっても，その人といつでもコンタクトできる状態を保つことは，事業目的を達成するために必要なことです．没交渉になってしまっては，互いの不信感がつのるだけで何も前には進めなくなるからです．

「相手の言うことには，賛同はできないけれども一理ある」とお互いに思える関係は悪いものではありません．お互いに相手を尊重する気持ちがあるということです．リスク・コミュニケーションでは，この段階をめざすのが現実的だと思います．

●継続は力なり

最後に強調したいことは，「継続は力なり」ということです．リスク・コミュニケーションに限らず，一般的なPRなど組織のコ

ミュニケーション活動は，継続することで効果を増します．また組織の担当者にとっては，継続することでそれが楽しみになることもあるでしょう．組織でリスク・コミュニケーション担当になった人は，ステークホルダーから反対意見を突きつけられて苦しい思いをすることがあります．しかし，立場は違えど相手の意見も「もっともだ」と思えるようになれば，やがて相手とのコミュニケーションは苦痛ではなくなってきます．話し合いを続ける中で「敵ながらあっぱれ」と思ったり，あるいは相手からそう思われる瞬間があったりすれば，議論が楽しくなってきます．

　まずは，リスク・コミュニケーションに一歩踏み出し，途中，いやになっても投げ出さずに続けてください．やがて，議論の楽しみや相手に対する尊敬の念も芽生え，コミュニケーションの意義に気づくときがくるでしょう．

●前向き思考でリスク・コミュニケーションを

　組織にとっては，ものおじせずにリスク・コミュニケーションに取り組む意識や組織文化を持てば，新たな事業展開や新規事業の開発もスムーズになるというメリットがあります．

　昔から，「日本の組織は改良・改善はうまいが，まったく新しいアイデアや事業を一から生み出すのは不得意だ」といわれてきました．そうなってしまった理由は，「まわりから何か言われたらどうしよう」と事業者が引っ込み思案になりがちだからだと，筆者（宇於崎）は考えます．慎重な日本の組織は，まず思いつく限りのリスクをつぶしてからでないと物事を公表したり，実行したりしないという傾向があります．せっかくいいアイデアが浮かんでも，リスクがあるからと躊躇し，それを実行できずにいるのです．ステークホルダーから何か言われることを恐れ，ぐずぐずしている間にタイミ

ングを逃してしまっているのです．

　新規事業にリスクはつきものです．そのリスクについて，事業者がステークホルダーに明かす勇気，冷静に判断してもらえるように説明するための技術や戦略的思考，そしてそれらを続ける根気があれば，日本から世界に向けてもっと多くの新規事業を送り出せるはずです．第1章でも述べたように，リスクとは"目的に対する不確かさの影響"です．不確かさの影響には，悪いことだけではなく良い影響も含まれます．つまり，リスクのあるところにはチャンスもあるということです．あえて情緒的な言い方をすれば夢もある，ということです．

　もともと，リスクの語源は「絶壁の間を船で行くこと」を意味するラテン系の船乗りの言葉だという説があります．冒険して船で行けば，その先に新天地が待っていたり大海が開けたりと，なにかいいことがありそうだという期待がこめられた言葉だったのでしょう．とすると，リスク・コミュニケーションとは，チャンスや夢を語ることでもあるといえます．よって，事業者が積極的にリスク・コミュニケーションに取り組むことは，停滞しがちな社会や経済を活性化する有効な手段となりえると筆者（宇於崎）は確信しています．

　とかく，しかめっ面で語られがちな"リスク"ですが，本来の意味や語源を考えると明るい側面もあるはずです．事業者だけではなくステークホルダーも巻き込んで，前向きにリスク・コミュニケーションに取り組みましょう．

インタビュー

謝罪についての法的な解釈

　　話し手：石橋克郎（弁護士）[*]
　　聞き手：宇於崎裕美，掛札逸美

　リスクやクライシスを説明するとき，事業者は"謝罪"を求められる場合があります．また，過失か故意かは別として，事業者になにかしら落ち度があった場合，担当者としては個人的には素直に謝りたい気持ちでいっぱいなのに，「組織を背負っている以上，おいそれとは謝れない，あるいは謝ってはいけない」というような心情になってしまうこともよくあります．実際，消費者や地域住民，マスコミ関係者などのステークホルダーと，組織との板ばさみになって，担当者が精神的にまいってしまうケースがしばしば起きています．あるいは，組織のトップが住民説明会や被害者説明会などで，謝罪をしなかったために"つるし上げ"にあったという報道も目にします．

　客観的に見てここは早く謝罪したほうがいいのに，と思える場面で，当事者である事業者が謝罪に躊躇する大きな理由は，「謝罪をしてしまうと，後々，とんでもない責任を背負いこまなくてはならないのではないか」，「裁判になったとき，不利なのではないか」と心配しているからです．

　はたして，本当に謝罪は法的に不利なのでしょうか．この点に疑

---

[*] 中村法律事務所　〒107-0052 東京都港区赤坂1丁目9番13号
　　三会堂ビル3階　電話：03-3568-1835(代)　FAX: 03-3568-1836

問を抱いた筆者の宇於崎と掛札は2012年6月某日，弁護士の石橋克郎氏に，謝罪についての法的見解と，謝罪することによって起こる可能性のある影響についてうかがいました．

—はじめに，"謝罪"という行為は，法律の中でどのように位置づけられているのか，教えてください．

石橋：名誉毀損があった場合，救済手段のひとつに"名誉を回復するために適当な処分"としてのいわゆる"謝罪広告"というものはあります．が，これを除き，一般的には，実は法の枠組みの中に"謝罪"という言葉はありません．法律では"責任があるかどうか"が問題とされます．法律でいう"責任"にはさまざまな種類があります．法的な責任を考えるとき，特に"損害賠償責任"の有無が重要になってきます．一般的な"謝罪"に対し，法的位置づけとしてもっとも近いのは，"責任を認める"という行為だと思われます．

—法の枠組みの中に"謝罪"という規定がないというのは驚きです．では，事件や事故の後に「申し訳ありません」と当事者が言った場合，それは法的に"責任を認めた"ということになるのでしょうか．それともならないのでしょうか．

石橋："謝罪をしたことで，即，法的な責任を負う"ということには，なりません．
　まず，"責任を認めること"と"道義的な謝罪"は違います．この点をはっきりさせないといけません．たとえば，20歳を過ぎた成人が刑事事件を起こしたとしますね．報道関係者がその人の親のところへ取材に行ったとき，「息子あるいは娘がこんなことをして

しまって申し訳ありません．親としてお詫びします」と謝ったとします．これは"道義的な謝罪"の典型です．自分の子どもではあるけれども事件を起こした当人は成人しているわけだから，その親には事件に関し，法的な責任はありません．よって，謝罪をしたからといって，親が子どものしたことに責任を負うわけではないのです．しかし，親は「謝らざるを得ない」と感じるので謝る．これは道義的な問題です．

　この例からも明らかなように，道義的な謝罪においては，「謝罪＝責任を負うこと」ではないのです．

——とはいえ，「謝罪をすると後で裁判になったとき，責任を問われるから，ぜったい謝罪してはいけない」と言う人によく出会います．組織のトップや現場の担当者が謝ると，裁判で不利になるのでしょうか．

石橋：口頭で「申し訳ありません」，「ご迷惑をおかけいたしました」，「結果を重く受けとめています」，「ご愁傷さまです」と言ったからといって，それが裁判で，責任を認めたという証拠になることはありません．

　だからといって，事件や事故の直後に動揺して，むやみに「申し訳ありません．全財産を投げ打ってでも補償します」などと軽々しく言ってはいけません．

　ある事柄について法的責任が問われる場合，それは民事裁判において損害賠償責任の有無という形で問題になります．そして民事裁判において，日本の裁判所は証拠として文書を重視します．よって，一筆書いてしまったり，書かれたものに判を押してしまったりすることは，できるだけ避けるべきでしょう．しかし，一方で，何か詫

び状のようなものを書いたからといって，それですぐ責任を問われるわけではないのです．裁判所はその文書が書かれた状況などを勘案します．相手に強要されて，無理やり書かされた場合は，責任を認めた証拠として，その価値を認められない場合もあります．それでも，できるなら書面には残さないほうがいいでしょう．文書は，裁判所で証拠とされる可能性が十分ありますから．

―企業や官庁などの組織が公式な謝罪をすると，"責任を認めた"と一般にとられる風潮はありますよね．

石橋：確かにそういう傾向はありますね．だからといって，企業のトップがマスコミ関係者を前にして，「この謝罪はあくまでも道義的なものです．法的な責任を認めたわけではありません」とは，なかなか言えないですよね．それが現実問題の難しさだと思います．

とはいえ，「謝罪＝法的責任を認めた」と短絡的にとらえる風潮は良いものではありません．日本社会全体が，「道義的な責任と，法的な責任は違うのだ」ということを理解する必要があるでしょう．

究極的に言うと，ある事象に対する法的な責任の有無は，事後的に裁判で決めることなのです．事件・事故の直後に当事者が謝罪や同情を示したこと，イコール責任を認めたこと，にしてはいけないのです．そんなことになっては，裁判という社会システムの意味が揺らぎます．言い方を変えると，今の社会では，責任の有無について当事者間でどうしても争いが解決しない場合，最終的には，裁判でしか法的な責任は決められないということです．裁判では，証拠をもとに誰にどういう法的責任があるのか，慎重に検証していきます．これにはある程度の時間がかかります．よって事件や事故の直後に，「社長が謝ったのだから，法的責任が会社にある」などとマ

スコミや世間が決められるわけではないのです．

——企業や官庁などの組織が謝罪した場合とそうでない場合とで，その後の裁判のゆくえに違いはありますか．

石橋：経験的に感じていることですが，たとえば事故の最初の段階で加害者が被害者に謝罪すると，後の被害者の態度が違ってきます．反対に，加害者が最初の時点で謝罪しないと，被害者の側では「どうして謝らないんだ」と感情的にこじれてしまうのです．最終的に示談になっても，途中経過において，被害者の様子は異なるように見えます．謝罪をすることが"慰謝"の面で有利に働くのではないかと思われます．

——それは，米国の医療過誤訴訟でも指摘されていますね．米国在住の医師，李啓充氏の著書『アメリカ医療の光と影』[32)]に，米国では「最近は，医療過誤保険会社でさえ'ミスが明白な場合は患者に対して謝罪を含めできるだけ誠実に対応する'ことを医療者に勧めるようになっている」という話が出てきます．同書によると「頑なにミスを認めまいとする姿勢は，患者・家族の怒りや不信感を強めて訴訟となる可能性を増大させるだけでなく，訴訟となった場合に陪審員の反感を買い巨額の懲罰的賠償金を課される結果にもつながりかねないからである」ということです．
　さて，ここでもう一度，「謝罪＝責任を負うこと」という見方が世間にはびこることの弊害についておうかがいします．

石橋：「真実を追究するために裁判を起こす」という人が世の中にはいますが，裁判は真実を追究する場ではありません．"紛争を解

決するための場"です.

　そもそも"真実"とはなんでしょうか. 立場によって何を真実ととらえるかはまったく違いますよね. 民事裁判, たとえば離婚などを例に挙げると, よくおわかりいただけると思います. 妻と夫がそれぞれに「真実だ」と主張することがまったく違っている, ということはよくあります. それを後から検証することは非常に難しい. 裁判でも, 双方の言い分だけで"真実"を追究しようとしても, なかなかできないわけです. そこで, 裁判というシステムでは, 手に入る証拠をもとに, ルールに従って, 今, ここにある紛争を解決しようとするのです. 日本の裁判の場合, 証拠として信頼性が高いのは, まず文書（書証）です. その次に人間の発言（人証）がきます. これをよくわかっている企業は, 後で都合の悪い証拠になりそうな文書はとにかく残さないようにします.

　私たち弁護士は今ある証拠を前にして,「これが裁判になったときにどうなるか」, そして「依頼者にどのようなリスクがあるのか」を考えます. 証拠の量や質をみて, 示談, 調停, 裁判（和解または判決）, これらのどの段階まで進むことができるのか, あるいは, どの段階まで進んでしまうのか, そのリスクを予想し, それらを考えて先を見据え, 依頼者にアドバイスするのが弁護士の仕事です. 依頼者にリスクがなければ強気に対処することを勧めます. もし, リスクがあれば,「裁判になると負ける可能性があるので, 今の段階でお金を支払って示談にしたほうがよい」とアドバイスします. このとき, 単純に"証拠があるかないか"ではないんです. 証拠があっても, それが"足りない"場合は立証できません. そんなときは「裁判では負けますよ」と私たちは依頼者にお話しします.

　これが今の裁判システム, 社会のルールです. したがって,「謝罪＝責任を認めた」という風潮が広まると,「あの人は謝罪したのに,

裁判では'責任がない'とされた．それは'裁判がおかしい'のだ」というふうに裁判批判につながっていき，証拠に基づく裁判システムに合わなくなってしまいます．先にお話ししたように，日本の社会全体，私たち一人ひとりが，道義的責任（謝罪）と法的責任の違いを理解するべきだというのは，ここにかかわってきます．

――最後になりますが，企業や官庁，その他のあらゆる組織がこれからリスク・コミュニケーションを進めていくうえで，弁護士という立場からなにかアドバイスはありますか？

石橋：まず，わからないことをあいまいにすることを避けるべきです．これは，日本人の特徴なのかもしれませんが，マスコミ関係者などから質問をされてわからないことがあった場合，はっきり「わかりません」と言わないんですね．あいまいなことを言ってお茶をにごそうとする．これは誤解の原因となります．わからないのであれば，「今の段階ではわかりません」，「調査中なので，いついつまでにご報告します」と告げ，期限を決めて進捗状況を報告するべきでしょう．

そして，「これは法的に問題になるのではないか」と疑問に思うことがあったら，早いうちに弁護士からリーガル・アドバイスを受けるべきです．組織の中にあるリスクなど，組織が市民や消費者に伝えようとする"事実"は，その見え方や評価は立場によって違います．組織が扱う危険物質にしても，製造，輸入，使用，輸送で規制を受ける法律が違います．事故のリスクにしても，予見可能性や結果回避可能性によって問われる法的責任の大きさは違ってきます．法的な解釈に不安や疑問があるのなら，法律の専門家である弁護士に早い段階で相談したほうがいいでしょう．

石橋弁護士へのインタビューを終えて，筆者（宇於崎と掛札）の両名は，法律というものは，良心に基づく人の言動に矛盾するものでは決してないということを確信しました．もし，謝罪をしなければいけない状況に陥ってしまった場合，あるいは，謝罪をしたいと感じた場合，当事者は自分の良心に従い，素直に行動したほうがよい結果を生むのではないかと感じました．また，「法的に不安や疑問があるときは，とにかく，早いうちに弁護士に相談したほうがよい」ということも改めて理解しました．

おわりに

　リスク・コミュニケーションは，日常生活と科学と実践（安全や健康に関する情報提供，啓発や介入）が出会う広大な領域です．食事をする，車に乗る，道を渡る，買い物をする，旅行に行く，投資をする……，リスクを伴わない行動は私たちの生活の中に存在しませんから，リスクを的確に判断し，効果的に伝え，必要ならばステークホルダー，特に一般市民や消費者の意識と行動を変えることは，組織にとって必須なのです．そのとき，"科学（証拠）に基づいた実践"が求められます．一度は成果があがった実践でも，「もう一度，実施してみたら，まったく違った」，「別の人が同じ集団に対して実施したら，違う結果が出た」では，行きあたりばったりの非科学的な実践になってしまいます．資源（お金，人，時間）のムダでもあります．

　リスクを統計学的に計算すること自体は可能です．興味のある方は，Book of Odds（http://www.bookofodds.com/）というウェブサイトをのぞいてみてください．特定の病気にかかるオッズから，違反切符を切られるオッズ，宝くじにあたるオッズ，朝食に残り物の冷たいピザを食べたことがある米国成人のオッズまで，生活の中にあるありとあらゆるオッズのデータを収集しているサイトです．こうした数を見て，さまざまなリスク（またはチャンス）を比較することは決して難しくはありません．

　けれども，人間が特定のリスクやチャンスについてどう感じるか，どう行動するかは，計算されたオッズとはまったく別の話です．同じ程度のリスクであっても，「たいしたことはない」と感じられるものから，「大変だ！」と感じられるものまで，さまざまです．文

化(年代,性別などの違いも含む)によっても,リスク認知は異なります.そこに科学としての"リスク認知学","コミュニケーション学"の必要性が生まれ,現場の実践と連携して育ってきました.しかし,特に"リスク・コミュニケーション学"の部分とその科学的な実践は,日本ではまだまだ端緒についたばかりの分野です.

そんななかで,PR とクライシス・コミュニケーションのコンサルタントである宇於崎裕美さんが,リスク・コミュニケーションの必要性,特にその背景にある人間心理をきちんと理解することの必要性にお気づきになったことは,長年の実践専門家であるがゆえの先見の明だと感じています.人のリスク認知メカニズムの基本を理解し,文化による違いや特性をある程度,客観的にとらえたうえで,ターゲットとなる集団に働きかけるためのコミュニケーション・デザインをしない限り,効果的なリスク・コミュニケーションは不可能だからです.本書が,日本でも"リスク認知学の証拠に基づいた(evidence-based)リスク・コミュニケーション"が広がる一助になるのであれば,これほどうれしいことはありません.

本書では,リスク・コミュニケーションにかかわる基本の"き"だけを取り上げました.「実践例が少ないなあ」と思われた読者もいらっしゃるかもしれません.それが,日本の現実です.科学(証拠)に基づいたリスク・コミュニケーション実践が,まだ我が国では少ないなか,欧米の実践をいくつも紹介したところで,リスクに関する文化,対人・集団間コミュニケーションの方法が欧米と大きく異なる日本にすぐさま移植できるようなものではないのです.日本人や他の東アジア人が,リスクについて,あるいはコミュニケーションについて,どのように異なる意識を持ち,行動をするのかは,比較文化認知心理学を中心とする知見からかなり明らかになっています.日本人の特定の集団をターゲットにした,科学(証拠)に基づ

いたリスク・コミュニケーションを始める材料は，豊かにあります．

　本書を手にとったあなたが，「リスク・コミュニケーションに取り組んでみようかな」，「今までの方法を検討し直そうかな」と一歩を踏み出す，そこから，日本におけるリスク・コミュニケーションの実践と知識の集積が始まります．リスク・コミュニケーションが不可欠なのは，企業だけではありません．行政から医療，学校や保育施設，研究機関，NGO……，逆に「リスク・コミュニケーションが要らない組織はない」とすら言えるでしょう．宇於崎裕美さんも私も，実践をしていこうとする皆さんと一緒に歩を進めていきたいと心から思っています．

　最後になりますが，この貴重なプロジェクトにお誘いくださった宇於崎裕美さんに，そして，出版の機会を与えてくださった日本規格協会の皆様に心から感謝いたします．

掛札　逸美

引用・参考文献

〈第 1 章〉
1) "国の情報,最も信頼できず 災害アンケートで59%",共同通信,2011/08/26
2) Rotter, J.B. (1980): Interpersonal trust, trustworthiness, and gullibility. *American Psychologist*, 35, 1-7.
3) der Heide, E. A. (2004): Common misconceptions about disasters: Panic, the "disaster syndrome", and looting. In O'Leary. M. The First 72 Hours: A communicaty Approach to Disaster Preparedness, Lincoln: Nebraska, iUniverse Publishing.
4) Langston, L. (2005): Why hurricane Katrina's so-called lotters were not lawless: They are entitled to the well-established defense of necessity. FindLaw. http://writ.news.findlaw.com/commentary/20050913_langston.html

〈第 2 章〉
5) World Health Organization. Food Safety: Risk Communication. http://www.who.int/foodsafety/micro/riskcommunication/en/
6) リスクマネジメント規格活用検討会編著 (2010): ISO 31000:2009 リスクマネジメント解説と適用ガイド,日本規格協会.
7) Reason, J.T. (2000): Human error: Models and management. *BMJ (British Medical Journal)*, 320, 768-770.

〈第 3 章〉
8) U.S. Environmental Protection Agency (EPA) (1988): *The EPA's Seven Cardinal Rules of Risk Communication*.
9) European Child Safety Alliance (2003): *A Guide to Child Safety Regulations and Standards in Europe*.
10) U.S. Consumer Product Safety Commission (CPSC) (2010): *Public Playground Safety Handbook*.
11) Siegrist, M. & Cvetkovich, G. (2000): Perception of hazards: The role of social trust and knowledge. *Risk Analysis*, 20, 713-719.
12) Cvetkovich, G., Siegrist, M., Murray, R., & Tragesser, S. (2002): New information and social trust: Asymmetry and perseverance of attributions about hazard managers. *Risk Analysis*, 22, 359-367.

13) 掛札逸美（2011）：災害に備える，災害に対応する（下）：緊急事態における リスク・コミュニケーションのあり方と課題．国民生活研究．Vol 51, No.2, p.28-54.
14) Cordasco, K.M., Eisenman, D.P., Glik, D.P., Golden, J.F., & Asch, S.M. (2007)："They blew the levee"：Distrust of authorities among Hurricane Katrina evacuees. *Journal of Health Care for the Poor and Underserved*, 18, 277-282.
15) U.S. Department of Health and Human Services (2005)：Terrorism and Other Public Health Emergencies: *A Reference Guide for Media*.
16) Kleinhesselink, R.R. & Rosa, E.A. (1991)：Cognitive representation of risk perceptions: A comparison of Japan and the United States. *Journal of Cross-Cultural Psychology*, 22, 11-28.
17) Cha, Y. (2000)：Risk perception in Korea: A comparison with Japan and the United States. *Journal of Risk Perception*, 3, 321-332.

〈第4章〉

18) Heider, K. G. (1988)：The Rashomon effect: When ethnographers disagree. *American Anthropologist*, 90, 73-81.
19) Loftus, E.F. & Palmer, J. C. (1974)：Reconstruction of automobile destruction: An example of the interaction between language and memory, *Journal of Verbal learning and Verbal Behavior*, 13, 585-589.
20) Bankoff, G. (2004)：In the eye of the strom: The social construction of the rorces of nature and the climatic and seismic construction of God in the Philippines. *Journal of Southeast Asian Studies*, 35, 91-111.
21) Tversky, A. & Kahneman, D. (1974)：Judgment and undertainy: Heuristics and biases. *Science*, 185, 1124-1131.
22) National Research Council (1989)：*Improving Risk Communication*, National Academy Press, Washington DC. In C.W. Trumbo (2001). Risk communication. Encyclopedia of Library and Information Science, 69, (A. Kent, Ed.). M. Dekker, Inc., New York.
23) Clarke, L. & Chess, C. (2008)：Elites and panic: More to fear than fear itself. *Social Forces*, 87, 993-1014.
24) David Savage へのインタビュー記事．More Britons than Americans Died on Titanic 'Because They Queued.' *The Independent*, 1/21/2009.
25) 1912年の英国の新聞記事．Be British, My Men, Capt. Smith's Order. *Worcester Evening Gazette*, 1912/4/20. Encyclopedia Titanica.

26) US Congress (2006): Congressional Reports: S. Rpt. 109-322. Hurricane Katrina: A Nation Still Unprepared. http://www.gpoaccess.gov/serialset/creports/katrinanation.html
27) 山村武彦 (2005): 人は皆"自分だけは死なない"と思っている, p.75, 宝島社.

〈第5章〉
28) 池田正行 (2002): 食のリスクを問いなおす――BSE パニックの真実, p.111-112, 筑摩書房.
29) Viscusi, W. K., Magat, W. A., & Huber, J. (1987): An investigation of the rationality of consumer valuations of multiple health risks. *The RAND Journal of Economics*, 18, 465-479.
30) ウェブサイト「キッズデザインの輪」http://kd-wa-meti.com/ から「平成23年度キッズデザイン製品開発支援事業基盤整備プロジェクトの成果」,「平成22年度キッズデザイン製品開発支援事業基盤整備プロジェクトの成果」を参照.

〈第6章〉
31) 畝山智香子 (2011):「安全な食べもの」ってなんだろう?, 日本評論社.

〈インタビュー〉
32) 李啓充 (2000): アメリカ医療の光と影, p.56, 医学書院.

著者略歴

宇於崎　裕美（うおざき　ひろみ）

有限会社エンカツ社代表取締役社長．横浜国立大学工学部安全工学科卒．つくば科学万博，リクルート，電通パーソン・マーステラ等勤務を経て1997年に"円滑なビジネスとコミュニケーションを実現するコンサルティング会社"エンカツ社を設立．官庁，企業，大学等においてリスクマネジメントと広報に関する講演やトレーニングを実施．(独)産業技術総合研究所 研究ユニット評価委員会（安全科学研究部門）委員．(財)総合安全工学研究所 参与．安全工学会，失敗学会 会員．
著書：「不祥事が起こってしまった！」（経営書院，2007年），「クライシス・コミュニケーションの考え方，その理論と実践」（経営書院，2011年）

掛札　逸美（かけふだ　いつみ）

心理学博士（社会／健康心理学）．筑波大学農林学類卒．(財)東京都予防医学協会広報室に10年以上勤務後，2003年，コロラド州立大学大学院に留学．2008年に博士号取得，帰国．(独)産業技術総合研究所・デジタルヒューマン工学研究センターに特別研究員として勤務．子どもの傷害予防を中心とした健康と安全のリスク・コミュニケーションの介入実践・研究，及び，職域におけるコミュニケーション・スキル・トレーニング実践・研究に取り組む．
著書：「乳幼児の事故予防－保育者のためのリスク・マネジメント」（ぎょうせい，2012年）．

人と組織の心理から読み解く
リスク・コミュニケーション
対話で進めるリスクマネジメント

定価：本体 1,000 円（税別）

2012 年 10 月 5 日　第 1 版第 1 刷発行

著　者　宇於崎裕美・掛札逸美
発 行 者　田中　正躬
発 行 所　一般財団法人　日本規格協会
　　　　〒 107-8440　東京都港区赤坂 4 丁目 1-24
　　　　　　　　　　http://www.jsa.or.jp/
　　　　　　　　　　振替　00160-2-195146
印 刷 所　日本ハイコム株式会社

© H. Uozaki, I. Kakefuda, 2012　　　　　Printed in Japan
ISBN978-4-542-30194-8

当会発行図書，海外規格のお求めは，下記をご利用ください．
　営業サービスユニット：(03)3583-8002
　書店販売：(03)3583-8041　　注文 FAX：(03)3583-0462
　JSA Web Store：http://www.webstore.jsa.or.jp/
編集に関するお問合せは，下記をご利用ください．
　事業開発課：(03)3583-8086　　FAX：(03)3586-2014
●本書及び当会発行図書に関するご感想・ご意見・ご要望等を，
　氏名・年齢・住所・連絡先を明記の上，下記へお寄せください．
　　e-mail：dokusya@jsa.or.jp　　FAX：(03)3582-3372
　（個人情報の取り扱いについては，当会の個人情報保護方針によります．）